LES PLUS ANCIENS

CHANSONNIERS FRANÇAIS

(XIIe SIÈCLE)

PUBLIÉS

D'APRÈS TOUS LES MANUSCRITS

PAR

Jules BRAKELMANN

(Feuilles 1-14)

PARIS
ÉMILE BOUILLON, LIBRAIRE-ÉDITEUR
67, RUE RICHELIEU, 67

1870-1891

Vient de paraître

ÉTUDES ROMANES

DÉDIÉES A GASTON PARIS

Le 29 décembre 1890

(25e anniversaire de son doctorat ès lettres)

PAR SES ÉLÈVES FRANÇAIS ET SES ÉLÈVES ÉTRANGERS DES PAYS
DE LANGUE FRANÇAISE

Un fort volume gr. in-8 de 522 pages Prix . . . . 20 fr.

EN VENTE A LA MÊME LIBRAIRIE

ARBOIS DE JUBAINVILLE (d'), Etudes grammaticales sur les langues celtiques Ire partie : Introduction, phonétique et dérivation bretonnes In 8. 8 »

BIBLIOTHÈQUE FRANÇAISE DU MOYEN AGE publiée sous la direction de MM. G. PARIS et P. MEYER, membres de l'Institut. Format petit in 8.

I et II : Recueil de Motets français des XIIe et XIIIe siècles, publiés d'après les manuscrits, avec introduction et notes, par G. Raynaud, suivis d'une étude sur la musique au siècle de saint Louis, par H. Lavoix fils. 18 »

III : Le Psautier de Metz. Texte du XIVe siècle. Edition critique publiée d'après quatre manuscrits par F. Bonnardot. Tome I : Texte intégral, variantes, etc. 9 »

IV, V : Alexandre le Grand dans la littérature française du moyen âge, par P. MEYER. 18 »

VI, VII : Œuvres de Gautier d'Arras publiées par E. Loseth. Tomes I et II. 18 »

BRACHET, A., Dictionnaire des doublets ou doubles formes de la langue française In 8 3 »

CHABANEAU, C., Histoire et théorie de la conjugaison française. Nouvelle édition, revue et augmentée. In 8. 5 »

CHRESTOMATHIE de l'ancien français (IX-XV siècles) précédée d'un tableau sommaire de la littérature française au moyen âge et suivie d'un glossaire étymologique détaillé par L. Constans. In 8 Nouvelle édition soigneusement revue et notablement augmentée, avec le supplément refondu. In 8. 7 »

CLAIRIN, P., Du génitif latin et de la préposition « DE » Étude de syntaxe historique sur la décomposition du latin et la formation du français. In 8. 7 50

DARMESTETER, A., De la création actuelle de mots nouveaux dans la langue française et des lois qui la régissent In 8. 10 »

DELBOULLE, A., Les Fables de La Fontaine Additions à l'histoire des fables, comparaisons, rapprochements, notes littéraires et lexicographiques, suivi d'un glossaire explicatif des mots difficiles ou tombés en désuétude. Petit in 8 2 50

DIEZ, F., Anciens glossaires romans corrigés et expliqués. Traduit par A. Bauer. Gr in 8 4 75

Grammaire comparée des langues romanes (seule édition française autorisée par l'auteur et l'éditeur) traduite par A. Brachet, A. Morel-Fatio et G. Paris 3 vol. gr. in 8. 50 »

ÉTIENNE, E., La langue française depuis les origines jusqu'à la fin du XIe siècle. Tome I : Phonétique. Déclinaison. Conjugaison. Grand in 8. 10 »

LES PLUS ANCIENS

CHANSONNIERS FRANÇAIS

(XIIe SIÈCLE)

LES PLUS ANCIENS

CHANSONNIERS FRANÇAIS

(XIIe SIÈCLE)

PUBLIÉS

D'APRÈS TOUS LES MANUSCRITS

PAR

Jules BRAKELMANN

(Feuilles 1-14)

PARIS
ÉMILE BOUILLON, LIBRAIRE-ÉDITEUR
67, RUE RICHELIEU, 67

1870-1891

AVERTISSEMENT

Jules Brakelmann, qui fut tué à 26 ans, dans les rangs de l'armée allemande, à la bataille de Mars-la-Tour, le 16 ~~juillet~~ /août 1870, avait conçu le dessein de publier un *corpus* de la poésie lyrique française des XIIᵉ et XIIIᵉ siècles. Il avait commencé l'impression du premier volume, qui devait contenir les pièces dont les auteurs, nommés dans les manuscrits, appartiennent encore au XIIᵉ siècle. Il avait donné le bon à tirer de la 14ᵉ feuille, quand son devoir militaire l'obligea à quitter Paris et à se rendre à son poste. Ni la suite du manuscrit préparé par lui, ni ses notes, ni les épreuves des feuilles suivantes ne se sont retrouvées. L'éditeur aurait souhaité que quelque philologue continuât, au moins jusqu'à un certain point, l'œuvre interrompue, la munît d'une préface et la complétât par les indications manquantes sur les manuscrits, la constitution du texte, etc. Mais on verra facilement que cette tâche ne pouvait être remplie par personne, à moins d'un travail considérable et en somme peu utile. La science a marché depuis vingt ans, et Brakelmann, s'il entreprenait sa publication aujourd'hui, en modifierait sans aucun doute en beaucoup de points et le plan et l'exécution. Il a semblé toutefois qu'il serait fâcheux de mettre au pilon ces quatorze feuilles élégamment imprimées, qui contiennent des pièces dont un assez grand nombre, malgré les publications faites dans ces dernières années, sont encore inédites. Il a paru aussi qu'il serait juste de ne pas priver la mémoire de Brakelmann de l'honneur que doit lui valoir la conception de son vaste projet et même (autant qu'on peut en juger) l'exécution, si on se reporte aux conditions scientifiques d'il y a vingt ans. C'est ce qui a décidé le successeur de F. Vieweg à communiquer au public qu'il peut intéresser ce fragment d'une grande œuvre qu'une destinée tragique a empêchée de se produire à l'heure où elle aurait été d'une réelle utilité pour la science et aurait singulièrement accru la réputation dont commençait à jouir le jeune philologue qui l'avait entreprise. Ce volume ne sera pas sans intérêt pour ceux qui étudient maintenant la poésie lyrique française ; il conservera le souvenir de Jules Brakelmann, et il engagera peut-être quelque savant, actif et laborieux comme lui, à reprendre, avec une meilleure fortune il faut l'espérer, le plan qu'il n'a pu réaliser.

L'identification des manuscrits cités par Brakelmann avec ceux des listes de MM. Raynaud et Schwan étant rendue très facile par la double table de la *Bibliographie des chansonniers* de M. Raynaud, on a jugé inutile de donner ici une table de concordance.

Paris, janvier 1891.

GAUTIERS D'ESPINAL.

Les mss. nous offrent différentes orthographes du nom de ce poëte :

A : Gatiers d'Aipinaus, Gathiers d'Aipinas (deux fois), Gathies d'Aipinas, Gatiers d'Apinaus (sept fois), Gatiers d'Aipinas, Gautiers d'Aipinaus (deux fois), Gautiers d'Apinaus, Gatiers Pinaus, Chevalier d'Aipinas.

E, F, G : Gautier d'Espinais.

K, L : Gautiers d'Espinau.

Les dix-sept pièces de Gautiers d'Espinal *qui lui sont attribuées dans le chansonnier de Berne (I, III, IIII, V, VI, VII, VIIII, XI, XIII, XIIII, XV, XVI, XVIII, XX, XXI, XXII, XXIII) ont été publiées dans mon édition de ce ms. (Herrig's* Archiv für das Studium der neueren Sprachen, *vol. XLI, XLII, XLIII), de même que les pièces VIII et XII, anonymes dans le ms. de Berne, mais attribuées à Gautiers par le ms. K. La pièce VI a aussi été publiée par M. Francisque Michel dans son édition des* Chansons du châtelain de Coucy *(p. 66), auquel elle est attribuée par le copiste des mss. E et F. M. Prosper Tarbé, dans ses* Chansonniers de Champagne *(p. 40), a en outre imprimé la neuvième chanson d'après la copie du ms. de Berne conservée à la Bibliothèque impériale (Moreau 1687-1689, anc. Mouchet 8).*

Parmi les pièces attribuées à Gautiers dans les différents mss., il y en a deux que j'ai cru ne pas devoir admettre.

C'est d'abord celle renfermée sous son nom dans le ms. F fol. 104 r :

Puis qu'il m'estuet de ma dolor complaindre (*lisez* chanter)
qui se trouve aussi sans nom d'auteur dans le ms. M. fol. 101 r. Elle prendra sa place parmi les chansons de Maistre Richars de Furnival, *auquel elle est attribuée par deux mss. du 3e groupe (K fol. 12, J¹ fol. 7) dont les copistes méritent généralement plus de confiance pour l'attribution des pièces que ceux du second.*

J'ai exclu en second lieu de la liste des pièces de Gautiers *la chanson :*

Au commencier de ma nouvele amor

qui lui est attribuée par le ms. F. fol. 104. C'est en vertu de cette autorité plus grande des mss. du 3e groupe dont je viens de parler, que je la mets sous le nom de Quesnes de Bethune *(les mss. portent Mesire Quesnes chevalier, cevaliers: K fol. 22 v, L fol. 98 r, J¹ fol. 11). Elle nous est conservée du reste encore dans deux mss. du second groupe dont un la présente sans nom d'auteur (G), l'autre l'attribue à* Jaques d'Espinais *(E p. 214) que* M. Paulin Paris *croit le même que le* chevalier d'Aipinas *auquel le chansonnier de Berne attribue la pièce XX (Se j'ai lonc tens amors servi). Je ne crois pas que le* chevalier d'Aipinas *soit autre que* Gautiers d'Aipinas, *et l'existence d'un trouvère* Jaques d'Espinais *ne me paraît pas suffisamment prouvée par le témoignage d'un scribe qui, dans un autre ms. également de sa main (F) attribue à* Gautiers d'Espinais *la même pièce qu'il réclame pour* Jaques d'Espinais *dans le ms. E.*

I.

A fol. 13 r. B fol. 53 v. (Le 3e et le 4e couplet sont intervertis dans ce ms.).

A droit se plaint et a droit se gamente,
Qui toz jors sert senz guerredon avoir;
Tant ai amor servi a mon pooir,

Qu'adés i ai esperance et atente.
5 N'onques por ce qu'ele m'a fait doloir,
N'en poi avoir a nul jor altre rente.
Nel di por ce que j'encor m'en repente;
Par Deu, amors, ainz ai mis mon pooir
En vos servir et trestote m'entente.
10   La mielz vaillanz del mont et la plus gente
Et elle a tot en li, sen et savoir,
Et je sui cil, qui sor tot la covoit,
Et cil, dame, qui trestot vos presente
Et cuer et cors et penser et voloir.
15 Cil jangleor, qui vos firent dolente,
M'ont plus grevé, que nuls mals que je sente;
Si atendrai, dame, en boen espoir
Vostre merci, ja ne sera si lente.
   Sovent avient d'une gent fiere et cointe,
20 Qui en l'estor vienent de tel randon
Et qui premiers mostrent lor colz felons,
Si les trueve on mains fiers a l'altre empointe.
Si va de cels, qui quierent ochoison,
Por quoi amors soit marrie et estainte,
25 Et quant il l'ont sorduite et destrainte,
Rien n'i ont plus, ce est lor guerredons,
Mais mielz ne puet amors estre raainte.
   Dame, por ce ai comencié ma plainte,
Qu'or seroit bien d'avoir merci raisons
30 Et bien seroit leus et tens et saisons,
Por jangleors n'iert ja la joie maindre.
Se il janglent, dame, nos amerons,
Ne ja por els n'iert bone amors estainte,

A costume ont, dire mensonge mainte
35 Et nos sons cil qui tot lor sofrerons
Et lor jangler et lor parole fainte!

II.

K fol. 180 r.

A mors, a qui toz jors serai,
Me proie et semont de chanter,
Puis qu'il li plaist, si chanterai,
Nel oseroie refuser,
5 Car plus me puet joie doner
Que ja desservir ne porrai.
Por ce a son voloir serai,
Que de li cuit avoir secors;
Nuls ne tient a moi s'il n'aime par amors.

(Le copiste a laissé en blanc la place de deux couplets.)

III.

A fol. 18 r (l'envoi manque). B fol. 59 r (les couplets 3 et 4 sont intervertis).

A mors et bone volentez
M'ont doné de chanter talent
Et ce, que voi renverdir prez,
Ne m'i atraira de neant,
5 Si me merveil, coment je chant,
Que tant aurai, senz avoir gré,
Servi en pardon longuement.

Amors, se vos tort en avez,
De moi sosfrez vos en atant
10 Et s'il vos plaist, si m'enmieldrez,
Ce que je vos ai servi tant,
Qu'a petit d'asouagement
Seroie si resconfortez,
Que jamais n'auroie torment.
15 Amors, iert il ja averez,
Li guerredons, que j'en atent?
Nenil, se vos nel consentez,
Ma dame n'en fera neant.
Certes, trop debonairement,
20 Se de rien fusse aseürez,
Alasse mes mals endurant.

Amors, ja en fine bialté
Ne deüst avoir orguel tant,
Car c'est la riens, qui sa bonté
25 Va sor tote altre empirant.
Ahi, fine de bel semblant,
Por Deu! car vos amesurez!
Si serez plus a toz plaisant.

Amors, s'ele eüst enduré
30 Les mals ensi, com je les sant,
Encor me fust guerredonez
Cist mals tot a mien esciant.
Amors! car faites sol itant,
Qu'ele les ait assavorez!
35 Si me gardra plus dolcement.

Nonper, sor tote rien vivant,
A vos me sui liges donez,

Or en faites vostre talent !
Chançons, alez inelement,
40 Al conte de Briene direz,
Soie merci que il vos chant.

IIII.

A fol. 9 r. B fol. 133 r (les couplets 1, 2 et 4).

Les mss. du 2ᵉ groupe présentent une rédaction assez différente de celle suivie par A et B. Elle se compose des couplets 1, 4, 2 du ms. A, d'un quatrième qui ne se trouve pas dans ce ms. (je l'ajoute à la fin) et du 3ᵉ du ms. A: E pag. 214, F fol. 103 r, G fol. 119 r, C¹ fol. 58 r, a fol. 231 r, c fol. 6 v. Le ms. J³ (fol. 83 r) intervertit les couplets 3 et 4 de cette rédaction.

Le principal ms. (K) du 3ᵉ groupe contient les couplets 1, 4 et 2 du ms. A. Un autre ms. de ce groupe (celui que nous désignons sous la lettre M) nous présente la rédaction du 2ᵉ groupe. Il offre en général beaucoup d'analogies avec ce groupe, bien qu'il dérive pour la plus grande partie de la même source que les autres mss. du 3ᵉ groupe. L'ordre alphabétique adopté par le scribe de M nous a empêché de décomposer ce chansonnier en plusieurs sections comme nous avons pu le faire pour les mss. C, J et R qui ont été composés à l'aide de deux ou trois recueils appartenant à des groupes différents.

Ahi amans fins et vrais,
Se li mons iert vostre en pais,
N'ai je paor ne dotance,
Que de si bone vaillance
5 Vos aint nuls altres jamais.
Mais par faute de merci
Me sont a bien pres failli

Confors et bone esperance.
Or, s'il vos plaist, m'iert meri,
10 Ce que j'ai lonc tens servi.
 Il n'est dolors ne esmais,
 Quant me membre des eus gais
 Et de sa dolce semblence,
 Ne me tort en aligence,
15 Quant plus en soffre grief fais.
 Ne riens tant ne m'abeli,
 Com li remembrers de li
 Et sa simple contenence.
 Mais tant me truis esbahi,
20 Que le parler en obli.
 Ensi com de Fevrier Mais
 Et del safir li balais
 De bialté n'a nule igance,
 Est grande la dessevrance
25 De cele dont je me pais.
 Mais or seront bien peri
 Si dolz bien fait signori,
 S'or ne fait tel demostrance
 Envers son leal ami,
30 Dont felon soient honi.
 Jangleor, vostre buffois,
 Qui adés faites sordois
 As ameors de vaillance,
 De parler a lor nuisance
35 Ne finerez vos jamais?
 Nenil voir, ainz iert ensi,
 De vilain oisel lait cri

Et de felon malvoillance;
N'onques de vessel porri
40 Nule bone odors n'issi.
   Seignor fin amant cortois,
Gardez vos del tor Englois,
Qui sont de fole esperance,
Qu'il ne vos facent nuisance,
45 N'a moi ne a toz François.
Car de moi grever ensi
N'ai je mie deservi
Et se je tor a faillance,
Bien seront cil fol naïf,
50 Qui jamais queront merci.
   Dolce dame, ne puis mais
D'amor soffrir les essais
Que plus ne sui en balance
De la mort, mais a fiance
55 Et por ce del tot mè tais,
Que del tot m'a mal bailli
Et le cuer mi destraint si
Vostre grant dessevrance,
Que se n'en avez merci
60 Par tens ert en .II. parti.

V.

A fol. 29 r. B fol. 106 r. L fol. 37 v. (*Les couplets* 1, 2, 4 *de A et B, puis deux autres qui manquent dans les mss. du premier groupe et que j'ajoute à la fin.*) — *La pièce est attribuée dans le ms. L à Maistre Symons d'Autie, elle a la même attribution dans la table des chansons du ms. K. Le feuillet sur lequel elle était transcrite dans le corps du vol. a probablement été arraché à cause d'une lettre historiée qui s'y trouvait. N fol. 67 v (réd. de L, sans nom d'auteur).*

Bone amor qui m'agrée
Me plaist a maintenir,
Mais ma joie ont troblée
La poine et li sospir
5 Que j'en trais en celée.
Si me merveil, coment
J'ai nul aïrement
En ma dolce pensée,
Dont si grant joie atent.
10   Bien m'ont la mort donée
Felon et mesdisant,
Et longue demorée
Me va desesperant,
Que j'ai chier comparée;
15 Et se par son plaisir
Ne me fait resjoïr
Pitiés bien eürée,
N'i a que del morir.
      Bien s'est amors penée
20 De moi faire esjoïr,
Mais ma dame honorée
Ne le vuet consentir
Car mercis est serrée
Et pitiés, qui ratant

25 Son dolz comandement
Ne par est si osée
Qu'ele rien li creant.
 Deus! ou iert donc trovée
 Riens qui me fait joiant?
30 Dolce dame honorée,
Vos en trais a garant,
Que de vos n'ai rien née
Fors atendre a loisir,
Car par lor bien soffrir
35 Ont sovent recovrée
Gent tornée a fuir.
 Se fins cuers s'umilie,
Je sai veraiement
Que ma dame et s'aïe
40 Ne m'iront plus targant;
Car je l'ai tant proïe
De fin cuer et d'entir,
Ne ja por repentir
N'iert ma joie eslongie
45 De ce que plus desir.
 Deus! en est ce ma vie
Mes confors ensement,
La belle, l'eschevie
Qui tant a le cors gent?
50 Chançons va, si li prie,
Se ja por bien servir
Porrai a chief venir
De l'amor qui maistrie
Mon cors et fait languir.

VI.

A fol. 38 v (l'envoi manque). B fol. 51 r, C¹ fol. 74 v (les couplets 1-4), E pag. 94 (1-4), F fol. 39 r (4 vers du premier coupl. seulement. Tout le reste a été enlevé avec le cahier suivant), G fol. 153 v (1-4), b fol. 63 v (la fin du 4ᵉ couplet manque), K fol. 178 r (le début et la fin ont été coupés avec la lettre historiée qui contenait probablement les armoiries de Gautiers), *M fol. 28 v (texte complet comme dans B), f (la 26ᵉ parmi les pièces qui y sont attribuées à* Moniot), *B f. 152 v (le 2ᵉ coupl. isolé).*

  Comencemens de dolce saison bele
    Que je voi revenir,
  Remenbrence d'amor qui me rapele,
    Dont ja ne quier partir,
5 Et la malvis, qui comence a tentir
  Et li dolz sons del ruissel sor gravele,
    Que je voi resclarcir,
    Me font resovenir
  De la ou tuit mi boen desir
10 Sont et seront jusqu'al morir.
   Toz tenz m'est plus s'amors fresche et novele,
    Quant recors a loisir
  Ses euz, son vis qui de joie sautele,
    Son aler, son venir,
15 Son bel parler et son gent contenir,
  Son dolz regart qui vient d'une estancele
    Mon cuer el cors ferir,
    Senz garde de perir.
  Et quant je plus plaing et sospir,

20 Plus sui joianz, quant plus m'aïr.
  Leals amors et fine et droituriere
   M'a si a son voloir,
 Que ne m'en puis partir ne traire arriere,
   Ne je n'en ai pooir.
25 N'est pas amors, dont on se puet movoir,
 Ne cil amis, qui en nule maniere
   La bée a decevoir;
   Or sai je bien de voir
 Qu'ensemble covient remanoir
30 Moi et amor par estovoir.
  Se li anuis de la gent malparliere
   Ne me feïst doloir,
 Bien peüsse avoir ma joie entiere
   D'esgarder, de veoir.
35 Mais ce que n'os por els ramentevoir,
 Conoissiez, bele, al vis et a la chiere,
   Que je n'os mon voloir
   Dire por percevoir,
 Mais bone dame doit savoir,
40 Conoissance et merci avoir.
  Vos merci je, ma dolce dame chiere,
   Qu'ains vos deigna seoir
 Et qu'il vos plaist a oïr ma proiere,
   Ensi com je l'espoir;
45 Mais se merci m'i poist escheoir,
 Granz fust ma joie et ma poine legiere
   Senz point de mescheoir.
   Mais molt fait bien paroir
 Amors, qu'ele me trait a hoir

50 De moi faire tot son voloir.
　　Chançonete, por voir
A celui, qui tant set valoir
Te feras en Flandres savoir.
　　Phelipe, a mon pooir
55 Pri amor que vos laist veoir
Ce que fins amanz doit avoir.

VII.

A fol. 53 v (l'envoi manque), B fol. 129 r (id.), E p. 113, F fol. 103 v, G fol. 129 r, C¹ fol. 58 v (le premier couplet, puis trois autres et un envoi qui ne se trouvent dans aucun autre ms.), J³ fol. 115 v, K fol. 178 v (les couplets 1, 2, 4), L fol. 98 r (id.), M. f. 42.

Desconforté et de joie parti
Me fait chanter volentez desirriere,
Ne por joie ne chant, ne por merci,
Qu'amors est trop de grever costumiere
5 Les otroiez de cuer leal a li;
Mais ne di pas, que je m'en plaigne si;
Qu'onques riens tant el mont ne m'abeli,
Com li travals et la longue proiere :
Mais failli ai a ma joie premiere.
10 　Et nonporquant, s'a ma joie ai failli,
N'i truis je pas ochoison droituriere,
Que j'ai amor et ma dame servi
De volenté fine et leal entiere.
Mais senz eür ne sera ja meri
15 A fin amant ce qu'il a desservi,

Mais se eür ou pitié ou merci
Peüsse avoir en alcune maniere,
Ne fusse pas de tote joie arriere.

Et en mon chant et joians et marris
20 Me plaing adés d'une gent losengiere
Qui sovent ont moi et altrui traï
En raconter mençonge noveliere,
Qu'a mien espoir eüsse je joï
De ce dont ai a gré d'amor choisi,
25 Se ne fussent li felon esbahi,
Qu'en lor mentir et en lor false chiere
Metent amans en pensée dobliere.

Coment porroit amors durer ensi,
Qui adés croit cele gent malparliere!
30 Mais se je ja puisse plaire a celi,
Qu'est de bialté mireors et lumiere,
Mis seroient li felon en obli
Et moi auroit de toz mes mals gari.
He! franche riens, s'envers vos m'umili,
35 N'en soiez pas plus cruels ne fiere,
Soffrez itant qu'adés merci vos quiere!

Par Deu, Garnier, bel m'est que j'ai oï
Qu'amors ont pris mon seignor et saisi
Mais je nel voi destroit en tel maniere
40 Qu'il n'en traie penitence legiere.

Les trois couplets qui se trouvent seulement dans le ms. C¹:

Ne place a Dieu que je soie escondiz,
Que de s'amour ne me puis trere arriere
Servirai la et si en sui haïz

De cele rienz qui je aing et tieng chiere
5 Face en son gré ne m'en verra partir
Ne pour dolor, tant la sache (trouver) forte ne fiere.
  Se je li di, dame, je vous aing,
Si ele dira, qu'une autre amour quiere,
Bien est reson, car n'aferoit a mi,
10 D'amer si haut, trop oi fole maniere,
Qu'a tel dame n'a tel cors seignori
Deveroit bien tretouz li mons faillir.
N'est nus servirs, qui tele honor conquiere,
S'est bien resons, que je m'en traie ariere.
15 Or puis muser en atendant merci,
Se bonne amours n'i met sa grant puissance.
Ou se pitié ne vaint reson aussi,
Por moi aidier de mort sui en balance.
Trop haut pensai, je n'en sai la chevance,
20 Or en conviengne amours qui me puet fere
Et povre et riche et grant joie et contrere.
  Chanson va tent a ma dame et li prie,
Qu'ele ait de moi pitié par sa franchise
Et sainsi est que ele me desprise,
25 Dont ne sai je quel part quiere manaie.

VIII.

A fol. 68 v (sans nom d'auteur). K fol. 181 r (les couplets 1 et 2, puis deux vers du cinquième; le scribe a laissé en blanc la place de deux couplets).

En tote gent ne truis tant de savoir,
Qu'il me sache de mon mal conseillier,
Ne as sages ne vient il a voloir
Qu'il me vuelent de mon anui aidier.

5 Deus! qu'ai je dit? ja n'en ont il pooir
Et je sui fols, que conseil lor en quier;
A toz amans me plaing del boen espoir,
Qu'ensi me sot dolcement engignier.
Se ma dame me met en nonchaloir,
10 Dont sui je mors, n'i a nul recovrier;
Je ne ment pas, certes, ançois di voir,
Car trop me puet durement essaier.
Onques nel soi amer en decevoir,
Qu'en amor n'a de deçoivre mestier,
15 Par ce porrai encor grant joie avoir,
Se lealtez valoit mielz de trichier.

Por quoi se poine de moi a eissillier
Amors? certes, molt en fait a blasmer!
Et quant je plus me poine de li servir
20 Et elle adés entent a moi grever,
Por tant que m'a trové a son plaisir,
Si vuet sor moi son pooir esprover.
Deus! qu'ai je dit? qui porroit desservir
Le bien qui vient de lealment amer!

25 Mes leals cuers ne se puet repentir,
Ne je nel vuel de son voloir oster.
Ne seroit fals, mielz se lairoit morir,
Qu'en fine amor a mis tot son penser.
Si n'est pas mals que l'en puisse soffrir,
30 Poine toz jors, senz joie recovrer;
Bien serai mors, s'ensi m'estuet finir;
En ce se doit fins amans conforter.

Bels sires Deus! si m'a mort entresait
Ce dont deüsse avoir gringnor deduit,

35 Li bels semblans que ma dame me fait
Ce est la riens qui m'ocist et destruit.
Por Deu li pri qu'ele merci en ait,
Ou se ce non, tote joie me fuit :
Et sache bien, s'en tel dolor me lait,
40 Toz i morrai, ja n'en istrai, ce cuit.

VIIII.

A fol. 100 *v (le coupl.* 4 *manque) B fol.* 135 *v (les couplets* 1,
2 *et* 4).

Ja por longue demorée,
Que face de moi aidier,
Ne sera entrobliée
L'amors dont partir ne quier,
5 Tant ai chier
Celi qui en son dongier
Me mist quant l'oi regardée.
 En perillose contrée
Me sot fine amors jugier :
10 Champagne bien eürée,
Que ne m'eüstes premier !
 Plus ligier
Fussent tuit mi desirrier
Entre la gent a penser.
15 Tant s'est amors afermée
En mon fin cuer droiturier,
Que ce me plaist et agrée
Qui plus me doit anoier,

Ne proier
20 Ne sai fors humilier
Sens orguel et sens mellée.
Haï m'a ma desirrée
Quant la vi a comencier,
Tot cuidai avoir trovée :
25 Merci encor la requier.
Del cuidier
Ne me poez aligier
Por rien, que me soit vée.
Dolce dame desirée,
30 Ou nos aler n'envoier ?
Por la gent maleürée,
Qui toz jors sont costumier
D'agaitier
Les amans et d'anuer.
35 Deus lor doinst male durée !
A Selley, senz demorée
Va chançon, por solacier
Guion, qui set ma pensée
De mon plus grant desirrier,
40   Qu'el vergier
Fut entre nos dous l'autrier
Ma joie renovelée.

X.

*K fol. 180 r⁴ (Imprimée par M. Ed. du Méril,
Mél. arch. et litt. p. 334).*

Jherusalem, grant damage me fais
Qui m'as tolu ce que je plus amoie;
Sachiez de voir, ne vos amerai mais,
Car c'est la riens dont j'ai plus male joie;
5 Et bien sovent en sospir et pantais;
Si qu'a bien poi que vers Deu ne m'irais
Qui m'a osté de grant joie ou j'estoie.

Bels dols amis, com porroiz endurer
La grant paine por moi en mer salée,
10 Quant riens qui soit ne porroit deviser
La grant dolor qui m'est el cuer entrée?
Quant me remembre del dolz viaire cler
Que je soloie baisier et acoler,
Granz merveille est, que je ne sui dervée.

1. Laborde affirme que cette chanson est attribuée à *Jehan de Nuevile* par le ms. du roi (K). Cette fois encore, il a eu le tort de ne consulter que la table, dont j'ai signalé l'inexactitude à plusieurs reprises : la rubrique qui se trouve en tête de la pièce l'assigne à *Gautiers d'Espinau*. *Jehan de Nuevile* partage avec *Jehan Erars* le privilége d'être enrichi par l'auteur de cette table de bon nombre de pièces que les rubriques dans le corps du volume réclament avec plus de droit pour d'autres poëtes.
Je rectifie à cette occasion une autre des assertions erronées de Laborde qu'on a trop souvent reproduites sans examen au lieu de les contrôler sur les mss. La chanson *Au comencier de ma nouvele amor*, attribuée à *Gautiers d'Espinais* par le ms. F, serait, selon lui, assignée à *Cuveliers* dans le ms. du roi. C'est *Cevaliers* qu'il aurait dû lire. Je retrouve cette erreur chez Passy (*Bibl. de l'Éc. des Ch.*, 1839, p. 36).

15 Si m'aït Deus! ne puis pas eschaper
    Morir m'estuet, tels est ma destinée
    Si sai de voir, que qui muert por amer
    Trusques a Deu n'a pas qu'une jornée
    Lasse! mielz vuel en tel jornée entrer
20 Que je puisse mon dolz ami trover,
    Que je ne vuel ci remaindre esgarée!

(Le scribe a laissé du blanc pour deux couplets.)

XI.

A fol. 158 r, B fol. 56 r (les couplets 2 et 3 sont intervertis).

Ne puet laissier fins cuers, qu'adés ne plaigne
Leal amor, dont se sont estrangié
Li fals amans desesperé, changié;
Mais ne di pas que li miens cuers se faigne
5 De li servir, qui que li ait trichié.
Ançois atent en si dolce esperance,
Que toz mals traiz mi torne en aligence.

Adés me croist fins voloirs et engraigne,
Desque je m'oi a ma dame otroié.
10 Mais de tant m'a amors rasouagié,
Qui que die, qu'ele nevre et mahaigne,
A li me sui liges donez en fié;
Car fins amis doit avoir conoissance
Qu'adés valt mielz en tote rien soffrance.

15 Ahi amors, en com fole bergaigne
Se sont cil mis qu'ont l'anui porchacié,
Traï en sont et leal empirié,

Qu'a vos n'afiert, ne perde ne gaaigne?
Ains eschivez cels qui vos ont trichié,
20 Mais quant savez cuer qu'en vos a fiance,
A cent dobles guerredonez pesance.

Droiz est qu'onors et joie li soffraigne,
Qu'envers amor a son cuer adrescié,
S'ele li a un poi son bien targié,
25 Qui por ce part de sa dolce compaigne
Que li sien sont en poi d'ore avancié;
Mais fin amant soffrent mainte nuisance
De bel servir, par lor desesperance.

Deus! qui sauroit com norrist et aplaigne
30 Amors toz cels qui ne sont entachié
De falseté ne de boise empirié,
Poi puet prisier dolor que l'en avaigne!
Que tuit si mal sont en joie plongié
Et je qui l'ai servie des m'enfance,
35 N'i ai trové qu'onor et bienvoillance.

XII.

Sans nom d'auteur dans les mss. A fol. 172 v et M fol. 92 v (1 coupl.). Attribué à Gautiers par le ms. K fol. 179 v (1 couplet).

Oltrecuidiers et ma fole pensée
Me fait chanter et si ne sai por quoi,
Se por ce non, que je l'ai esgardée :
Se je la vi, qu'en afiert il a moi ?
5 Donc auroie je bien Cocaigne trovée,

S'il est ensi miens, tot quanque je voi!
Ce ni ai pas, mais mis m'a en effroi
Uns dolz pensers, dont li chanters m'agrée.
Or chans, or l'aim : se m'est guerredonée
10 Ceste poene, c'iert par ma bone foi,
Onques par moi amors ne fut falsée,
Ainz l'ain toz jors et serf et dot et proi.
S'ele un petit se fust amesurée
Que ne m'eüst si mené a besloi,
15 Altresi bien eüst trestot en moi,
Com li cuens a Loheraigne trovée.

XIII.

A fol. 184 *r.*

Partis de dolor,
En joie tornez,
Marris de paor
Et aseürez,
5   Chanterai d'amor,
Dont sui esgarez
Par un traïtor
Semblant et dervé.
Mais mes fins cuers verais,
10   Senz falseté,
Frans et dolz, simples et gais,
Enamorez
A choisi mielz assez
Par quoi lais
15 La false, plaine de crualté.

De joie et d'onor,
De fine bialté,
De pris, de valor
Sui resconfortez,
20 Car a la millor
Me sui atornez,
Dont ja a nul jor
Ne serai sevrez.
Ains vuel soffrir en pais
25 Et en boen gré
Mals et biens et esmais,
Com esprovez
En espoir de bonté.
De tel fais
30 Est mes cuers apris et endurez.

Tant a resplandor
Qui done clarté,
Espris de dolçor
Ses vis colorez,
35 Que li mons entor
Seroit ralumez,
S'or iere de jor
Solels anublez.
L'altre bien, que j'en tais,
40 N'iert ja contez,
Tant en i a a fais
Et a planté,
Dont Deus soit merciez.
Ne jamais,
45 S'a ceste amor fail, ne soie amez.

Fals losengeor,
Quant vos ne savrez
Ma joie gringnor,
Si devinerez ;
50   Mais s'a la millor
Garde ne prenez,
Ja par altre tor
Seür n'en serez.
Dame, tot senz defois,
55   Mon cuer avez
Por Deu ! desormais
De moi pensez !
Deus ! com seroit buer nez,
Qu'une fois
60 Seroit de vos bels bras acolez !

XIIII.

A fol. 185 v (le 4^e couplet et l'envoi manquent) B fol. 15 v,
D, grans chans XLI.

Par son dolz comandement
Me sui a chanter enpris,
Car toz estoie marris
Et plains d'ire et de torment.
5   Mais il covient nuit et jor
Moi et mon cuer senz retor
A ma dame et a amor
Toz jors estre obedient.

Onques n'amai altrement,
10 Car cil n'est pas fins amis,
Puis qu'a bone amor s'est mis,
S'il s'en part vilainement.
Deus me gart de tel folor!
Ja n'en doit sentir dolçor,
15 Qu'en gré n'en set la dolor
Soffrir debonairement.

Amé l'aurai longuement,
N'onques encor ne li dis,
Mais j'aor en son païs
20 Et serf quanqu'à li apent.
Mais de tote la vigor,
Que j'ai en mon cuer gringnor
C'est, quant devant li demor,
De remirer son cors gent.

25 Si bel dolz contenement
Li doblent honor et pris,
Et se je la lo et pris,
Ausi font cele altre gent.
Mais se fals losengeor
30 Ne meïssent en error
Le bien qui sordroit d'amor,
Bien garroient cil amant.

A mon tres dolz errement
M'i vaille, chançon, mercis,
35 Et s'onques rien li meffis,
C'est ce que l'ain lealment.
Et de sa fresche color
A mes ouers fait mireor,

Mais li oil qui vont entor
40 Ne sevent pas que je sent.
Hanri, se pris et valor
Conquiert l'on en bone amor,
Molt est fols qui s'en repent.

XV.

A fol. 186 *v* (*l'envoi est incomplet*), *M fol.* 100 *v*, *g fol.* 42 *v* (*le premier couplet seulement, qualifié de son poitevin par le copiste*). *Voyez ce que je dis sur le ms. g dans l'introduction.*

Puis qu'en moi a recovré seignorie
Amors, dont bien me cuidoie partir,
Deus la me doinst si bonement servir,
Que de moi soit bone chançons oïe.
5 Que ferai, Deus, et coment iert servie?
Que je ne sai, se Deus m'en doinst joïr
Ne mielz amer, n'a millor obeir!
   Molt devroit bien, par droite cortoisie,
Leals amors et faire et establir
10 Qu'ele volsist ses biens a droit partir
Et fin amin assenast a amie.
Mais quant plus est de leal cuer saisie
Si fait l'un vivre et l'altre fait morir
Et a poine s'entremet del merir.
15 Je ne di pas, qu'en bone amor se fie
Et qui la set et atendre et servir,
Qu'il peüst pas a guerredon faillir,
Mais fols se crient et sages s'umilie.

De pitié dot, que ne soit endormie,
20 Bien deüst amors desoremais soffrir,
Que je peüsse a ma joie venir.

    Amors le vuet, pitiés est esveillie,
Or covendra et entendre et oïr
Le gent respons et le tres dolz plaisir,
25 Que ma dame me fera, et l'aïe,
Mais encor n'ai la volenté sentie.
Por Deu, amors, car li faites sentir,
Ou cors faldra a tel fais sostenir.

    He, franche riens, plaine de cortoisie,
30 Que chascun jor poez tant embelir,
De toz bien fais, quant je plus en remir,
Vostre solaz et vostre cortoisie.
Bien auroit cuers sa volenté complie,
Se oil pooient lor voloir acomplir,
35 De vos veoir bonement a loisir.

    Barrois, amors, qui les fors afoiblie,
Drois est, qu'ele vos ait a son plaisir,
Bien savez li et guerre maintenir.

    Phelipe amis, se d'ami et d'amie
40 Voloit amors le plus leal choisir
Bien li devroit de Guion sovenir.

XVI.

A fol. 201 r (les vers 41-44 manquent) B fol. 54 r.

Quant je voi l'erbe menue
    Poindre al prin d'esté,
Que tote riens change et mue

En gringnor bialté,
Se lors vient en gré
Ma dame, qu'aie chanté,
Bien ert ma joie creüe,
Puis qu'ele l'a comandé.

Molt ai dolce poine eüe,
Que tot mon aé
Aurai mise m'entendue
A li et a Dé
Qui li a doné
Tant valor et tant bonté,
Que m'arme en sera perdue
De ce que poi l'ai amé.

Bels Deus, qui l'auroit veüe
Et bien esgardé
Et acolée et tenue
A sa volenté,
Tot auroit trové,
Qu'onques par nul home né
Tant bele ne fu veüe :
Dont j'ain mon cuer quant g'i bé.

Vilaine gent malestrue,
S'or n'en est pensé,
Bien ert par vos decheüe
Amors en vilté
Et si tormenté
Amant par vo falseté,

GAUTIERS D'ESPINAL.

Que s'amors n'est secorrue,
Poi en sera mais parlé.

Chançons, Phelipe salue
  Le conte sené,
34 Qui a France maintenue
  Et resconforté,
  Proece enmieldré,
  Chevalerie honoré,
  Largece, qui iert vencue
40 Ra mis en sa poesté.

  Goijon, bien le sé,
Qu'en amor tot vostre aé
Avez esperance eüe
S'iert encor guerredoné.

XVII.

K fol. 179 *v.*

Quant je voi par la contrée
  L'erbe naistre et verdoier
Por celi, cui j'ai amée,
Vuel mon chant recomencier.
5 Lonc tans l'aurai desirée,
Deus m'en doint mon desirrier.
  Certes, ce n'est pas merveille,
Se je sospir por s'amor,
Qu'el monde n'a sa pareille

10 De bialté ne de valor.
Quant je dorm, amors m'esveille,
A li pens et nuit et jor.
Cil Deus, por qui li mons traveille
Ne laist altre avoir s'amor.
15   Sire Deus, car la tenoie
Nuete entre mes dous bras,
Sa bouchete baiseroie,
Molt m'est bon, quant que li fas.
Ne rois ne cuens nen est mie
20 Qui'n eüst tant gent solaz,
De tenir sa compaignie
Jamais ne seroie laz !

(*Le scribe a laissé en blanc la place de deux couplets*).

XVIII.

A fol. 200 r (coupl. 4 manque) B fol. 80 v (le 5ᵉ couplet et les vers 44-47 manquent, les couplets se suivent dans un ordre différent : 1, 3, 4, 2, 6) E pag. 211 (le 4ᵉ et les 4 derniers vers du 6ᵉ coupl. manquent) F fol. 102 r (coupl. 4 manque), G fol. 117 (coupl 4 manque) M fol. 117 v (ordre des coupl. : 1, 3, 4, 5, 2, 6).

Quant voi yver et froidure aparoir,
Que si destraint oiseillons nois et bise,
Adont cuidai de chanter remanoir,
Mais une amors me semont et jostise,
5 Amer me fait et estre a sa devise
Et m'a doné tel cuer et tel voloir,

Que jamais Deus ne me doinst altre avoir
Fors li amer et faire son servise.
A li me sui donez sanz decevoir,
10 Mais ce qu'on a, c'est ce que l'on moins prise,
Bien le m'a fait ma dame apercevoir.
Et Deus! coment ja n'a ele pas mise
S'amor en moi qui ensi me jostise?
— Si a. — Coment? — D'un dolz regart, por voir,
15 Fist par mes eus dedenz mon cuer cheoir
La grant amor, qui si me fraint et brise.

Coment qu'amors m'a mis en nonchaloir
Une rien m'a fait savoir et aprise,
Que fins amis ne se doit removoir
20 De bone amor, des puis qu'il l'a emprise,
Ou ensi vive, ou il ensi fenisse.
Car fine amors puet plus un jor valoir,
Qu'ele ne fait toz les altres doloir
Por c'est bien droiz, que toz jors l'obeïsse.

25 Se la bele fait de moi son voloir,
Mar vi bialté lonz de moi si assise,
Qu'en tel orgoil fait son fin cuer manoir,
Que je n'i truis ne pitié ne franchise.
Deus! at amors ne pooir ne justise
30 De li faire a son plaisir manoir?
Nenil, par Deu, ainz l'eüst fait doloir,
Tant que pitiez et mercis l'en fust prise.

Bien voi qu'amors n'a en li nul pooir,
Quant ma dolor n'alige n'apetise.
35 Si me covient esgarder et veoir,
Tant que pitiez s'en sera entremise.

Ou altrement n'iert ele ja conquise
Et se je plus n'en recuidoie avoir,
Ne m'en puis je partir en nule guise.
40 Dolce dame, qui pitié et franchise
Herbejastes en vostre dolz menoir,
Por Deu vos pri, selonc vostre voloir,
Joie de vos, que lonc tens ai requise!
   Mon boen seignor de Bar, en ma reprise
44 Me di chançon, qu'a toz jors son pooir
Maintaigne amors, qu'ensi porra valoir
Plus que nuls hom, se il bien l'aime et prise.

XVIIII.

K fol. 180 *v.*

Quant voi fenir yver et la froidor
Et le dolz tans venir et repairier,
Que li oisel chantent cler sor la flor
Et l'erbe vert s'espart soz le rainier,
5 Chanter m'estuet, molt en ai grant mestier,
Por ma dame faire oïr ma dolor,
Savoir, se ja me voldroit alegier.
Chascuns se vante d'amer lealment,
Mais poi en voi, qui soient en torment.
10 Je me cuidai gaber al comencier,
Mes or voi bien, que ne m'i valt neant
Que toz les mals ne m'estuece essaier
De ceste amor qui a amer m'aprent.
Molt me sot bien engignier dolcement,

15 Qui de mon cors me vint mon cuer oster,
En fin sui mors, se pitiez ne l'en prent.
Chascuns se vante d'amer lealment,
Mais poi en voi, qui soient en torment.
    Amors me font tot le païs amer
20 Et trestoz cels, qui la vienent et vont,
Ou ele maint, la bien faite au vis cler,
Que je aim plus que nule rien el mont.
Et sachiez bien, totes celes qui sont,
Ne m'apreïssent si tres bien a amer,
24 Con fist mes cuers et li oil de son front.
Chascuns se vante d'amer lealment,
Mais poi en voi, qui soient en torment.

(*Le scribe a laissé en blanc la place de deux couplets*).

XX.

A fol. 223 *r (attribué au chevalier d'Aipinas. — L'envoi et le v.* 13
manquent), *B fol.* 103 *r D, grans chans X (l'envoi manque).*

Se j'ai lonc tens amor servi
De leal cuer entierement
Et ele ne m'a rien meri,
Onques por ce ne m'en repent.
5   Ançois i pens plus bonement
Et a son voloir m'umili,
Ja ne m'en trovera parti;
Or face de moi son talent.
    Et puis qu'onques ne li meffis,
10   Bien fera, se pitiez l'en prant,

Face ma dame entendre en li,
Ou tant a bialté et jovent,
Et estre en son comandement,
Tant que je parvaingne a merci.
15 Lors m'aura de toz mals gari
Et doné joie sanz torment,
 Dolce dame, bien sai de voir,
Que qui de vos vuet estre amez,
Il li covient en li avoir
20 Fin cuer et bone volenté.
Garnis en sui et assassiez,
Dont molt boen gré m'en doit savoir
Et se plus n'en cuidoie avoir,
N'iere je ja desesperez.
25 Trop m'a ataint et fait doloir
Lons desiriers enamorez
Et ce, que ja ne cuit veoir,
Que de li soie amins clamez.
Hé! franche, plaine de bonté,
30 Ne m'aiez pas en nonchaloir,
Laissiez, por vostre amin, manoir
Pitié avec vo grant bialté!
 Debonairement atandrai,
Dolce dame, mon desirier
35 Et tout adés vos servirai,
Ja ne m'en verrez esloignier.
Merci en chantant vos requier,
Si ne sai je, se je l'aurai,
Mais ce, qu'onques ne vos falsai,
40 Me devroit par raison aidier.

Cuens de grant pris, plus dolz mestier,
Que d'amer par amor ne sai,
Soiez amis de cuer verai,
Ensi vos porrez avancier.

XXI.

A fol. 221 r (les vers 41-45 manquent) B fol. 132 r (les vers 41-45 manquent, les vers 6-10 sont remplacés par les vers 26-30 qui se trouvent une seconde fois dans le 3ᵉ couplet, — ordre des coupl. : 1, 4, 2, 3) D fol. 153 v (ordre des coupl. : 1, 4, 2, 3 ; les vers 41-45 manquent) M fol. 130 r (le 3ᵉ couplet manque).

Se par force de merci
Ne descent amors corals
En la millor des leals,
Ja ne m'i verrez saisi
5   De bien qui ne me soit mals.
Et se pitiés avec als
Par lor dolz comandement
Un petit d'enforcement
Meïssent en lor pooir,
10   Dont poroie joie avoir.
    Bels Deus! que ne fut ensi
L'amors fine comunals,
Que halt et bas fust igals!
Mais ce qu'onors est en li,
15   Tienent a honte li fals,
Deus! qui les oroit entr'als
Conter et dire sovent

Lor fals adevinement
De faire mensonge voir
20 Por fins amans decevoir!
Ne tieng pas a fin ami,
Qui s'esmaie rien por als,
Por tels felons deleals.
Tant ont janglé et menti,
25 Que ja n'en sera uns sals.
Franche riens esperitals!
De celestials present
Sont vostre ameros semblant,
Que nuls ne vos puet veoir,
30 Qui ja en queïst movoir.
De li remirer ensi,
C'est m'uevre chascun jornal.
Et la colors naturals
En la face que je vi
35 C'est fins rubis et cristals,
Si sorcil semblent esmals
En or asis finement
Par devin comandement
Et si oil me font por voir
40 L'estoile jornal paroir.

Voici les cinq derniers vers de M qui ne se trouvent dans aucun autre ms. et que je ne crois pas l'œuvre du poëte :

Vos estes li superlaux
Royne d'entendement,
D'onour, de pris, de jovent,
Vos a bien Dex trait a hoir,
Qui abat felon pooir.

XXII.

A fol. 232 v (l'envoi manque) B fol. 14 r K fol. 179 r (les couplets 1 et 2) M fol. 135 v (coupl. 1, 2, 3).

    Toz efforciez aurai chanté sovent
    Sens ochoison et sens amor veraie
Mais or me done amors cuer et talent
Et volenté qu'envers li me retraie.
5   Por mal soffrir longuement
      N'ai soing que me recroie,
    Ains atendrai bonement
      Merci, se ja l'auroie,
    Qu'orguillos sert folement,
10   Qui n'atent
      Son bien et sa joie.

Ains mais, amors, si debonairement
Ne se mist nuls en la vostre manaie,
Maiz paor ai, ne m'ailliez delaiant
15 Par trop demor et par longue delaie.
    Ne ja n'i perdrai neent,
      Certes, mielz i morroie,
    Que n'atende a mon vivant
      Et plus, se je pooie;
20   Petit iroie prisant
      Mon torment,
      S'Artu reveoie.

Bien doi atendre et soffrir cest torment,

Puis qu'il me plaist, quel dolor que j'en traie,
25 Que ja n'aura ne bien n'aligement,
Nuls hom qui trop se redote et esmaie.
Ha! se mon cuer desirant,
A son plaisir n'otroie,
Des qu'il n'a rien en talent,
30 Que plaire ne li doie,
Fols seroie, a li me rent
Quitement
Ou que vuet s'i soie.

Entre mon cuer et amor solement
35 Ont tot en moi qu'il n'est riens que g'i aie :
S'ont fait de moi a ma dame present,
Li uns m'ocist et l'altres me rapaie.
Ensi con le cerf corrant
Grieve sois et maistroie,
40 Me va amors destraignant
Et mes cuers qui soploie,
Tot a son comandement,
S'i ratent
Merci tote voie.

45 A Priney iras avant,
Chançons, la droite voie
Gautier, qui desire tant
Pris et honor et joie,
Desonor li va doblant
50 Solement
Car a moi s'otroie.

XXIII.

A fol. 231 r (les couplets 6 et 7 et l'envoi manquent) B fol. 14 v (l'envoi manque) E pag. 212 F fol. 102 v G fol. 118 r (Ces trois mss., appartenant au même groupe, contiennent l'envoi qui ne se trouve pas dans les autres; en revanche les couplets 6 et 7 y manquent) M fol. 136 r (la rédaction de ce ms., la plus courte de toutes, ne comprend que les coupl. 1, 2, 3, 5).

Tot altresi, com l'aymans deçoit
L'aguillette par force de vertu,
A ma dame tot le mont retenu
Qui sa bealté conoist et aperçoit.
5 Las! je sui cil qui sor toz la covoit,
Et si n'i truis ne merci ne pardon,
Par quoi je puisse venir a garison!
Bien a l'amors qui por mal ne recroit.
    Si com li arbres, qui encontre le froit
10 Se tient de flor et de sa fuelle nu,
Ai je mon sens oblié et perdu
Vers ma dame, quant plus mestiers m'auroit.
Ahi, bels Deus, s'ele bien conoissoit
La grant amor, la bone entencion
15 Dont li sospir vienent a tel foison,
Ja fins amans a joie ne faldroit!
    Ne voldroie joïr de rien qui soit,
Se ce par li ne m'estoit avenu;
Si com la lune a son veoir perdu,
20 Quant la clarté del soleil ne reçoit.
He! franche riens, s'a nul jor n'avenoit,

Qu'eüssiez ja ne merci ne pardon
D'ami leal verai sanz traïson,
Por Deu, amors, gardez que ce seroit !
25 En samblance d'ome qui adés boit,
Ne ja nul jor n'aura assez beü,
M'a fait ma dame ydropique et mu
Que ne li os descovrir rien qui soit.
Quant plus l'esgart et plus la covoit
30 Et quant je n'os resgarder sa façon,
Li oil del cuer remirent a bandon
Et pensent ce que nuls hom ne verroit.

Tot altresi com de l'onbre qu'on voit,
Que ja desous n'iert senti ne veü,
35 M'a ma dame sanz plaie 'el cors feru :
Mais je ne sai, dont ce vient, ne que doit,
Fors d'un semblant que je vi qu'ele avoit,
Mais or la truis si cruel et felon,
Qu'ançois l'auroit cent mile fois uns hom
40 Regardée, qu'ele lui n'en auroit.

Je ne cuit pas que nuls poist avoir
Joie d'amor, s'il n'en sent la dolor.
Premiers covient leal ami doloir,
Ançois qu'il ait nule joie d'amor.
45 Ne de servir ne recroirai un jor,
Ains servirai ma dame a son voloir,
Car bels servirs me met en boen espoir
Qui mainte fois doble pris et honor.

Se nuls deüst joie d'amor avoir
50 Por bien amer, por soffrir grant dolor,
Bien s'en deüst mes fins cuers percevoir

Qui adés s'est penez de bone amor.
He! franche riens, j'ai i esté tant jor
Par vos penez, bien le poez savoir,
55 Desor fust tens de guerredon avoir :
Or mi grevent felon losengeor.

 Chançon di moi a monseignor Huon
Si vain sohait et si espoir breton
M'ont deceü, car ce est a bon droit.

CRESTIENS DE TROIES.

Toutes les trois pièces de Crestiens *sont publiées par* Wackernagel (altfranzœsische Lieder und Leiche, *pp.* 15-19); *la première et la seconde par* Holland (Crestien von Troies. Eine litterarhistorische Untersuchung, *p.* 228 *et suiv.*[1]); *la seconde par A von* Keller (Romvart, *p.* 306-308), *E* Mætzner (altfranzœsische Lieder, *p.* 63-65) *et Karl Bartsch* (Chrestomathie de l'ancien français. *col.* 118); *la troisième par M. Tarbé* (Chansonniers de Champagne, *p.* 37-38).

Je ne crois pas qu'en dehors des trois chansons que j'imprime ici et dont la paternité ne saurait lui être en aucune façon contestée, on puisse attribuer à Crestiens *les pièces* :

          Quant li douz estez decline

et :

          Joie ne guerredon d'amor

qui portent son nom dans le ms. L. *Le ms.* K *qui, pour décider*

---

1. M. Holland, en énumérant les mss. qui contiennent des chansons de *Crestiens*, parle à deux reprises du chansonnier de Berne. Il cite une fois la copie de Mouchet et l'autre fois l'original. La première fois il indique quatre chansons de Cr. comme se trouvant dans la copie Mouchet, la seconde fois il n'en note que trois, dont il transcrit les premiers vers avec une orthographe toute différente de celle qu'il avait employée pour les vers correspondants de Mouchet. Si M. Holland n'a pas cru avoir affaire à deux mss. différents, il l'a au moins laissé supposer à tout lecteur n'ayant pas connaissance des mss.

de l'attribution d'une pièce, pèse toujours dans la balance plus que L, *les revendique toutes les deux pour* Guiot de Dijon. *La première est attribuée en outre à* Gautier d'Argies *par le ms. de* Berne, *la seconde au tresorier de* Lille, *par deux mss.* (F *et* G) *du* 2ᵉ *groupe. D'un autre côté, M.* Paulin Paris (*dans* l'Histoire littéraire, *t.* 23, *p.* 555) *va trop loin en ne lui laissant que deux pièces. Les chansons* I *et* III *ne lui sont disputées par personne et la seconde lui est acquise par le témoignage important de quatre mss. appartenant à trois groupes différents* (A, L, J¹, N).

C'est par erreur que Keller (Romvart, *p.* 306-308) *et après lui* Holland (Crestien von Troies, *p.* 227-28) *et* Mætzner (Altfranzœsische Lieder, *p.* 258) *parlent de deux chansons de* Crestiens *conservées dans le ms. du* Vatican (*fonds de la reine de* Suède 1490). *Le rondeau* Soufrés maris et si ne vous anuit, *destiné à remplir une place restée vide*¹ *après la chanson de* Crestiens : Amours qui m'a tolu a moi *n'est certainement pas de lui, il ne porte pas de nom d'auteur et le fait que le copiste l'a inséré à la suite d'une chanson de* Crestiens *ne saurait aucunement prouver que celui-ci en est l'auteur. Je mets le rondeau sous les yeux du lecteur, parce qu'il n'est encore imprimé nulle part et parce qu'on se convaincra en le lisant qu'on n'a pas affaire à une pièce de* Crestiens, *mais bien à un de ces motets dont les mss.* D, F, K, S, T, X, g, *nous fournissent des exemples si nombreux.*

---

1. Le scribe du ms. du Vatican, loin d'être aussi prodigue de son velin que le copiste du grand chansonnier de Berne, s'applique toujours à utiliser pour quelque motet ou rondeau le coin de velin qui lui reste quelquefois sur un *verso*, après avoir copié les pièces d'un poëte et avant de commencer la transcription d'un autre sur un nouveau feuillet. Ici ce sont les pastourelles qui inaugurent le nouveau feuillet (109). Cette habitude du scribe de N nous a conservé un certain nombre de pièces légères dans le genre de celle qu'on a attribuée à *Crestiens*, notamment celles du fol. 99 v, 93 v, 81 v, 55 v, 38 v. Si ce fait n'était pas passé inaperçu de M. Keller, il aurait dû reconnaître de suite que le copiste ne donnait pas du tout ce motet pour une pièce de *Crestiens*.

Soufrés maris et si ne vous anuit,
Demain m'arés et mes amis a nuit,
Je vous deffenc, k'un seul mot n'en parlés!
Soufrés maris et si ne vous mouvés!
La nuis est courte, a par mains me rarés,
Qant mes amis ara fait sen deduit.
Soufrés maris et si ne vous anuit,
Demain m'arés et mes amis a nuit.

I.

*A fol. 18 r (le v. 45 manque), B fol. 35 r
(sans nom d'auteur).*

Amors tençon et bataille
Vers son champion a prise,
Qui por li tant se travaille,
Qu'a desrainier sa franchise
5   A tote s'entente mise.
N'est drois, qu'a sa merci faille;
Mais ele tant ne le prise
Que de s'aïe li chaille.

   Qui que por amor m'asaille
10 Sanz loier et sanz faintise,
Prez sui, qu'en l'estor m'en aille,
Que bien ai la peine aprise.
Mais je criem, qu'en mon servise
Guerre et aïe li faille,
15 Ne vuel estre en nule guise
Si frans, qu'en moi n'ait sa taille.

   Nuls, s'il n'est cortois et sages,
Ne puet d'amor rien aprendre;

Mais tels en est li usages,
20 Dont nuls ne se set deffendre,
Qu'ele vuet l'entrée vendre
Et quels en est li passages,
Raison li covient despendre
Et mettre mesure en gages.
25 Fols cuers ligiers et volages
Ne puet rien d'amor aprendre,
Tels n'est pas li miens corages
Qui sert, sanz merci atendre.
Ainz que m'i cuidasse prendre,
30 Fu vers li durs et salvages,
Or me plaist, sanz raison rendre,
Que ses prous soit mes damages.
Molt m'a chier amors vendue
S'onor et sa seignorie
35 Qu'a l'entrée ai despendue
Mesure et raison guerpie.
Lor consals ne lor aïe
Ne me soit jamais rendue,
Je lor fail de conpaignie,
40 N'i aient nule atendue.
D'amor ne sai nule issue,
Ne ja nuls ne la me die,
Muer puet en ceste mue
Ma plume tote ma vie;
45 Mes cuers n'i muera mie,
S'ai en celi m'atendue,
Que je criem, que ne m'ocie,
Ne por ce cuers ne remue.

46 CRESTIENS DE TROIES.

Se mercis ne m'en aïe
50 Et pitiez, qui est perdue,
Tart iert la guerre fenie
Que j'ai lonc tens maintenue!

II.

A fol. 56 v B fol. 30 r (le 3e et le 4e coupl. sont intervertis), C¹ fol. 29 r (le 5e et le 6e coupl. sont intervertis) E p. 58, F fol. 17, G fol. 2 r (attribuée à Gaces Brulez, le 5e coupl. manque). Une seconde fois, sans nom d'auteur dans le ms. G fol. 154 r M fol. 142 (copiée sur une des feuilles ajoutées par le marquis de Cangé d'après le ms. perdu que je désigne sous la lettre H), C fol. 49 J³ fol. 49 v L fol. 45 v (le 5e et le 6e couplet intervertis) N fol. 108 r (rédaction assez différente publiée par Keller et corrigée par Mætzner), f (la 32e chanson attribuée à Moniot).

D'amor qui m'a tolu a moi
N'a li ne me vuet retenir,
Me plaing ensi, qu'adés otroi
Que de moi face son plaisir;
5 Et si ne me repuis tenir
Que ne m'en plaigne, et di por quoi,
Que cels qui la traïssent, voi
Sovent a lor joie venir,
Et g'i fail par ma bone foi.
10 S'amors por eshalcier sa loi
Vuet ses anemis retenir,
De sens li vient, si com je croi,
Qu'as siens ne puet ele faillir;

Et je qui ne me puis partir
15 De la bele a qui je soploi,
Mon cuer, qui siens est, li envoi;
Mais de neant la vuel servir
Se ce li rent que je li doi.
Dame, de ce que vostres sui,
20 Dites moi, se gré m'en savez?
Nenil voir, s'onques vos conui,
Ains vos poise, quant vos m'avez,
Et desque vos ne me volez,
Dont sui je vostres par anui;
25 Mais se ja devez de nului
Mercit avoir, donc me soffrez,
Car je ne sai amer altrui.
Onques del bevrage ne bui
Dont Tristans fu enpoisonez,
30 Mais plus me fait amer que lui
Fins cuers et bone volentez.
Si ne m'en doit savoir mal gré,
Quant de rien efforciez n'en fui
Fors de tant, que mes eus en crui,
35 Par qui sui en la voie entrez,
Dont j'a n'istrai, n'ains n'i recrui.
Cuers, se ma dame ne t'a chier,
Ja por ce ne la guerpiras;
Adés soies en son dongier
40 Desqu'enpris et comencié l'as.
Ja mon vuel ne t'en partiras,
Ne por delai ne t'esmaier,
Bien radolcist par delaier,

Et quant plus desiré l'auras,
Plus sera dolz a l'assaier.
    Merci trovasse al mien cuidier,
S'ele fust en tot le conpas
Del monde, la ou je la quier,
Mais je croi qu'ele n'i est pas.
Onques ne fin, onques ne las
De ma dolce dame proier,
Proi et reproi sanz delaier,
Come cil qui ne set a gas
Amor servir ne losengier.

III.

A fol. 53 r D fol. 200 v (sans nom d'auteur).

De jolif cuer chanterai,
    Bone amor m'en prie
E toz jors jolis serai
    Et sanz velonie;
Car tuit bien vienent d'amer,
Por ce aim sanz falseté,
    Ne ja por chastiement
Mes fins cuers ne se tenrait
D'amer jolivetement.

Liez et renvoisiez serai
    Por vos, dolce amie
Et sachiez, tant com vivrai,
    En vostre baillie

Vuel estre sanz ja sevrer ;
Car el mont n'a vostre per,
Et tuit bien entierement
Sont en vos, si en morrai,
Se je n'ai aligement.

Bele dame, en vos mis ai
 Cuer et cors et vie,
Ne ja ne m'en partirai
 Nul jor de ma vie.
Mais je vos vuel demander,
Que medisanz escoter
Ne voilliez en vo vivant,
Car ja frans cuers n'amerait
Vanteor ne mesdisant.

MESIRE MORISSES DE CREON.

Les mss. nous offrent différentes orthographes du nom de ce poëte :

A : *Li rois Amaris de Creons, Amaris de Creonne, li sirez Amaris de Creonne, mesires Amauris de Creone.*

E : *Mesire Morise de Creon.*
F : *Mesire Amauri de Creon.*
K : *Mesire Morisses de Creon.*
L : *Mesire Muerisses de Creon.*
N : *Mesires Meurisses de Craon.*

Le ms. A, d'accord avec E, F, N, attribue encore à Morisses de Creon la chanson :

Fine amors claime en moi en eritaige

mais elle appartient plutôt à son fils Pieres de Craon *qui est nommé comme auteur dans les mss. K, J³, G. De même les chansonniers de Sainte-Palaye et de Clairembaut, actuellement perdus, l'attribuaient à* Pieres (*Laborde,* Essai sur la musique, *II, p. 323*).

Quant aux autres chansons qui se trouvent sous le nom de Morisses (Amauris) *dans le ms. A, savoir :*

1 Kant foillissent li boscaige
2 Lonc tens ai servi en bailence
3 Quant je plus voi felon rire,

la première est l'œuvre de Pieres de Molins (d'après les mss. K et L; trois mss. du second groupe la classent cependant parmi les pièces du Vidame de Chartres), la seconde appartient à Hugues de Bregi (K, L), et la troisième à Guiot de Digon (K, L). La pièce unique qui, ces éliminations faites, reste le seul bagage littéraire de Morisses, a été imprimée avec la chanson de Pieres par M. Trébutien dans une plaquette tirée à un très-petit nombre d'exemplaires et aujourd'hui introuvable. (Chansons de Maurice et de Pierre de Craon, poëtes anglonormands du XIIe siècle, etc. Caen, Mancel, 1843).

B fol. 117 v (les couplets 1 et 4 sans nom d'auteur), F fol. 27 r (attribuée à Gaces Brulez, le couplet 2 manque) G fol. 148 v (sans nom d'auteur, le couplet 2 manque) H (la 24e parmi les pièces de Gaces Brulez, le coupl. 2 manque) K fol. 49 r (Mesire Morisses de Creon) L fol. 103 r (Mesire Muerisses de Creon) M fol. 6 r (avec un second envoi; sans nom d'auteur[1].)

---

1. Le scribe du ms. M a conservé les envois avec un soin tout particulier, mais bien souvent aussi il paraît en avoir ajouté de sa façon ou rattaché, à cause de l'identité des rimes, un couplet qu'il trouvait isolé ou un second envoi à une chanson dont il ne faisait pas partie originairement. Tel est très-probablement le cas pour cet envoi; aucun autre ms ne l'a conservé, et il est tout à fait superflu. Du reste, le voici :

> Dame, valors vos honore,
> Ce m'est avis;
> Et touz jors croist et moillore
> Vostre bons pris.
> Toz biens a Dex en vos mis
> Fors merci qui me demore.

Une raison de plus de ne pas regarder cet envoi comme l'œuvre de l'auteur, c'est le remaniement que toute la chanson a subi dans M et qui consiste surtout dans le changement des rimes et des expressions archaïques ou non comprises par le scribe (par ex. jait jolie au lieu de jaunie, v. 23).

MESIRE MORISSES DE CREON.

A l'entrant del dolz termine
　　Del tans novel,
Que naist la flors en l'espine
　　Et cil oisel
5　Chantent parmi la gaudine
　　Seri et bel,
Dont me rasaut amors fine
　　D'un tres dolz mal,
Car je ne pens a rien al
10　Fors la ou mes cuers s'acline.

　　De li sont tuit mi consire
　　Ne de rien al
　A la bele en qui se mire
　　Mes cuers leals
15　Helas! je ne li os dire
　　Por nesun mal,
　Car tant redot l'escondire,
　　Que toz mi tal.
　Beneoiz soit li jornals
20　Qu'ele me voldra ocirre.

　　Onques d'altre n'oi envie
　　Ne j'a n'aurai,
　Et se li miens cuers fausnie
　　De duel morrai,
25　Car trop main grevose vie
　　Des mals qu'en ai.
　Helas! ele nes set mie,
　　Ne je ne sai

Se je jamais li dirai :
30 Bele, ne m'ociez mie!

A toz les jors de ma vie
La servirai,
Et serai en sa baillie
Tant com vivrai,
35 Ne ja de sa seignorie
Ne partirai;
Et se briement ne m'aïe
Trop grant mal trai,
Mais gariz sui, se j'en ai
40 Un bel semblant en ma vie.

Chançon, va t'en sanz demore
El dolz païs
Ou mes cuers cline et aore
Soirs et matins,
45 Trop par mi cort li mals sore
Dont je languis,
He Deus! verrai je ja l'ore
Qu'un tres dolz ris
Puisse avoir de son cler vis,
50 Qui si m'ocit et acore?

MESIRE HUES D'OISY.

La première pièce a été imprimée plusieurs fois : par Laborde,
Essai sur la musique, *II, 211, dans le* Romancero françois, *par
M. P. Paris, p. 103, par M. Leroux de Lincy, Chants historiques, I, 116, dans la notice littéraire sur* Hues d'Oisy *insérée par
M. Arthur Dinaux dans ses* Trouvères cambrésiens, *p. 140, et
dans l'Histoire littéraire, tome 23, p. 625.*

C'est également dans sa notice sur Hues d'Oisy *que M. Arthur
Dinaux a inséré la seconde pièce qui ne manque pas d'intérêt au
point de vue historique. Le texte de M. Dinaux aussi bien que les
notes qu'il y a jointes montrent qu'il ne saisissait pas toujours
parfaitement le texte qu'il publiait. Pour ne citer que quelques
unes de ses notes, il imprime le v. 63 : Jehane la gaaigne (la
lance, voy. le gloss.) vint ataignant : « Jehane la Gaaigne vint
atignant (avec irritation); » le v. 67 : Sor Aëlis descent : « Seur
aelez descent (tombe sur elles); » le v. 181 : sor morel l'abrievé
(rapide) : « Sor morel la brieve (la petite) », sans même tenir
compte de la rime; au v. 69 il explique* fiance *par* confiance,
*tandis que, dans l'espèce, il s'agit du serment de fidélité que le
vassal doit à son seigneur; au v. 89 il imprime au lieu de :* et si
ostage Yolent *(et ainsi elle délivre Yolent) :* et li ostage Yolent,
ce qu'il explique : et de même la troupe d'Yolent; *au v. 98, il
explique* alom (allons) *par* louange; *au v. 165,* quist *(qui est),
par* sorti; *au v. 182,* eschequeré *(en échiquier, réparti également) par* triangulaire; *au v. 183,* aroter *(se ranger en rote,*

comme desroter *au v.* 32, se séparer de la rote) *par* conduire, accompagner; *au v.* 192, k'esgardé *par* escorté; *et au v.* 198, jut (elle jut, *elle coucha*), *par* jeu, plaisirs. *Il omet aussi des vers entiers sans le moindre scrupule* (*v.* 73, 75).

A la fin de sa notice sur Hues d'Oisy (*p.* 142), *M. Dinaux remarque que* « *c'est par suite d'une erreur matérielle que le* Romancero (*de M. Paulin Paris*) *donne, page* 189, *à messire Hues d'Oisy une troisième pièce qui appartient à messire Hues de la Ferté.* Cuique suum. » *M. Paris met la pièce de* Hues de la Ferté *à la suite de deux autres pièces du même trouvère et il les fait précéder toutes les trois d'une notice sur ce poëte. Ce n'est donc pas à la suite des pièces d'*Hues d'Oisy *qu'il la donne : il n'y a pas d'erreur matérielle. Il y a en effet d'*Oisy *au lieu de la* Ferté *dans les quelques mots qui précèdent la troisième chanson de ce dernier à la p.* 189, *mais on ne saurait qualifier d'erreur matérielle ce lapsus calami.*

M. Francisque Michel, dans les notes de son édition de la chanson des Saxons, a imprimé une seconde fois le tornois des dames d'après le ms. L (*ch. d. S. II, p.* 194-201). *Bien qu'il ait eu connaissance de la seconde leçon du tornois qui se trouve dans le ms.* K (*il la signale dans une note à la page* 201), *l'idée ne paraît pas lui être venue de mettre à profit les variantes de ce ms. pour corriger les fautes assez nombreuses du texte qu'il publiait.*

La table des concordances de Mouchet, dont l'original s'est perdu mais qui est imprimée dans le volume VI *des* Manuscrits françois *de M. Paulin Paris, mentionne encore parmi les pièces de Hues un jeu parti :*

Robert, or me conseilliez

qui se trouve dans le ms. J² *fol.* 22 v. *Le titre de cette pièce est* Hue a Robert, *le nom d'*Oisy *ne s'y rencontre nulle part; l'attribution par Mouchet de ce jeu-parti à notre poëte est donc dénuée de tout fondement.*

I.

K fol. 50 r (Mesire Hues d'Oysi) *L fol.* 53 r (Mesire Hues d'Oisy).

Malgré toz sains et malgré Deu ausi
Revient Quenes, et mal soit il vegnans
Honis soit il et ses preechemens,
Et honis soit qui de lui ne dit fi !
5 Quant Deus verra que ses besoins ert grans,
Il li faldra, car il li a failli.
   Ne chantez mais, Quenes, je vos en pri ;
Car vos chançons ne sont mais avenans.
Or menrez vos hontose vie ci ;
10 Ne volsistes por Deu morir joians,
Or vos conte on avoec les recreans,
Si remaindroiz, avoec vo roi, failli.
Ja dame Deus, qui sor toz est puissans
Del roi avant et de vos n'ait merci !
15   Molt fu Quenes pros, quant il s'en ala,
De sermoner et de gent preechier ;
Et quant uns sols en remanoit deça,
Il li disoit et honte et reprovier.
Ore est venus son liu reconchier,
20 Et s'est plus ors que quant il s'en ala ;
Bien puet sa crois garder et estoier,
Qu'encor l'a il tele qu'il l'enporta.

II.

LI TORNOIS DES DAMES

K fol. 50 *r* (Mesire Hues d'Oisy), *L fol.* 53 *v* (Li tornois des dames mon segneur Huon d'Oisy).

   En l'an que chevalier sont
     Abaubi,
  Que d'armes noient ne font
    Li hardi,
5   Les dames tornoier vont
    A Laigni
  Le tornoiement plevi :
La contesse de Crespi,
Et ma dame de Couci,
10 Dient que savoir voldront
   Quel li colp sont
   Que por eles font
    Lor ami.
Les dames par tot le mont
15   Porchacier font
   Qu'eles menront
   Chascune od li.
Quant es prez venues sont,
   Armer se font,
20   Assambler vont
    Devant Torci.
  Yolenz de Cailli
Va premiers assambler,

Margerite d'Oisy
25 Muet a li por joster,
Amisse al cors hardi
Li va son frain haper.

Quant Margerite se voit raüser,
Cambrai! crie, son frain prent a tirer;
30 Qui deffendre la veïst et mesler,
Quant Katherine al vis cler
Se comence a desroter,
Et passe avant al crier;
Qui dont la veïst aler,
35   Resnes tirer
  Et colps doner
  Et departir
Et grosses lances quasser
  Et fers soner
40   Et retentir,
Des elmes le chapeler
  Faire effondrer
  Par grant aïr;
Devers la coe vit venir
45 Une rescosse grant,
Ysabel, qui ferir
Les va de maintenant.
La seneschalcesse ausi
Nes va mie espargnant.

50 Une rote vint de la tot errant :
Adeline, qui Nantuel! va criant

MESIRE HUES D'OISY.

    Avoec la seneschalcesse Yolent;
       Aëlis en va devant
       De Trie, *Aguillon!* criant;
55   Molt va bien les rens cerchant.
       La roïne sor ferrant
          Vint par devant,
          Ferue l'a
       D'une mace en l'alberc blanc;
60   Sans contremant
          Enmi le camp
          Portée l'a.
   Jehane la gaaigne vint ataignant
       Qui maint serjant
65   I amena :
       Ysabels tot errant
        Sor Aëlis descent,
       De Moncels la vaillant
       Qui la fiance en prent:
70   Sor un ronci trotant
       L'enmena erranment.

       La contesse de Champaigne
          Tres briement
       Vint sor un cheval d'Espaigne
75   En brochant,
      Ne fist pas longue bargaigne
         A lor gent :
       Toz les encontre et atent,
       Molt o'i combat fierement,
80   Sor li fierent plus de cent :

Aëlis les mains li tent,
   Al frain la prent,
      Hasteement
Od sa compaigne,
85 Aëlis *Montfort!* criant,
   Cele al cors gent,
      Qui la descent
   Coment qu'il praigne;
Et si ostage Yolent
90   Molt bonement
   Qui de noient
      Ne s'i desdaigne :
Ele n'est pas d'Alemaigne.
Ysabels, ce savon,
95 Vint poignant en la plaigne,
Es lor fiert a bandon :
Sovent crie s'ensaigne :
Alom lor, Chastillon!

   Une rote vint de la
100   A larron :
   Amisse a la flor close va
         Environ
   Et sa lance peçoia
         En blason;
105 *Lille!* crie, *or lor alom!*
Tost as frains eles s'en vont;
La contesse de Clermont
A ferue d'un tronçon
      Enmi le front

110   Qu'en un roion
        Colchie l'a;
    Climence fiert d'un baston,
        Et sanz raison
        Belsart! cria.
115 Totes desconfites sont,
        Fuiant s'en vont,
        Nule del mont
        N'i demora.
    Quant *Bouloigne!* rescria
120 Yde al cors honoré,
    Premiere recovra,
    Al trespas d'un fossé
    Contesse al frain prise a :
        Deus aïe! a crié.

125 Molt fu grans li fereïs
        Qui fu la.
    Ysabels point de Marli
        Qui cria :
    Deus aïe! maint colp prist
130   Et dona;
    Une rote vint de la :
    Gertrus qui *Merlo!* cria,
    Parmi les gués les chaça.
    Agnes de Triecoc va
135 Qui maint colp parmi les bras
        Le jor senti,
    Mainte lance peçoia,
        Maint frain tira,

Maint colp dona,
140 Maint en feri.
Beatris cria : *Poissi!*
Il n'i a millor de li;
Et Joie point d'Arsi
Et muet contre Marijen de Julli
145 Et fait la a terre verser,
Puis comence sor li
Saint Denise! a crier.

Trestot le passet vint i
En conroi :
150 Aëlis de Rolleïs
Al cors gai;
Climence point devant li
De Bruai,
Sezile vint tot a droit
155 De Compeigne a desroi,
Et fiert Ysabel d'Ausnai
Qu'enmi les lor l'abatoit.
Sor li venoit
A grant esploit
160 Bele Aëlis
Qui *Garlandon!* escrioit;
Agnes venoit
Criant *Paris!*
Ade de Parcain les voit,
165 *Belmont!* crioit,
Tost lor aloit
Enmi les vis.

Agnes i vi
Venir tost de Cresson-Essart.
170 Ysabels point ausi,
Qu'ist de Vile Gaignart;
Li tornois departi,
Por ce que trop fu tart.

Poi ai dit, si m'en repent
175 Et conté;
Al demain tornoiement
Ont crié;
De la proece Yolent
Vos dirai :
180 Tost a l'elme fermé,
Sor morel l'abrivé
Prist l'escu eschequeré,
Puceles fait aroter
Parmi les prez,
185 Lances porter lor a fait cent;
N'a pas trives demandé
Sanz arester
Va por joster
Droit a lor gent.
190 Entor li ont flahuté
Et vielé,
Si qu'esgardé
L'ont durement.
Vencu l'a et oltré
195 Tot deça et dela.
Desos Torci el pré

Son pavillon dreça ;
Iluec jut, s'a doné
Quantqu'ele guaaigna.

Je n'ai pas réussi à dégager la construction rythmique de cette pièce. Cependant je ne crois pas que le trouvère ait pu se dispenser, dans une pièce de ce genre et dont la disposition par strophes est évidente, de suivre un système régulier. Au moins je n'ai pas rencontré, en dehors des pastourelles, genre populaire qui permettait plus de liberté, de pièce d'une irrégularité semblable dans la poésie artistique. Je suis donc disposé à ne regarder cette irrégularité que comme apparente et causée par des lacunes et des interversions. Mais je désespère, à défaut d'un autre ms. (les deux qui nous ont conservé la pièce offrent la même leçon à peu de variantes près), de retrouver le type ou les types des strophes.

Il serait assez facile de rétablir la même disposition des rimes pour trois des huit strophes de notre pièce (IIII, V, VII). J'ai déjà, en faisant un petit changement au v. 148 (vint i pour i vint), restitué le même type aux strophes V et VII; or la même série de rimes se retrouve pour la quatrième strophe quand on supprime le v. 86 qui manque dans L : c'est un vers de remplissage qui a assez l'air d'être ajouté par un copiste. L'ordre des rimes de ces trois couplets serait donc : a b a b a b b b b b b b a b b a b b b a a c a c a c. Mais là je suis obligé d'arrêter mes tentatives de restitution d'un système régulier pour la pièce d'Hues d'Oisy. Les autres strophes, malgré l'analogie évidente que présentent plusieurs d'entre elles pour la première moitié, analogie qui m'a servi à couper un certain nombre de vers autrement que MM. Dinaux et Michel, offrent pour la seconde moitié des difficultés sérieuses qu'il me paraît impossible de résoudre sans le secours d'un nouveau manuscrit.

MESIRE QUENES DE BETHUNE.

Les mss. nous offrent différentes formes du nom de ce poëte :
A : Cunes de Betunes (Betunez), messire Cunes de Betunes.
K : Cevaliers, Quenes, sire Quenes, mesire Quenes de Betune, de Biethune. L : Chevaliers, messire Quenes. J[1] : Mesire Guesnes, mesire Quesnes chevalier (trois fois). N: Mesires Quenes de Bietune.[1]
D'après Laborde (Essai sur la musique, II, 319) le chansonnier de Sainte-Palaye, actuellement perdu, contenait les chansons :

> Au comancier de ma nouvele amor
> Chanter m'estuet, que pris m'en est corage
> Chanson legiere a entandre

sous le nom de Guesvres chevaliers. *Il y a là sans doute une faute d'impression ou de lecture ou même de copiste et il faut lire :* Quesnes chevaliers. *Cette mention vient à l'appui de mon opinion que le* Cevaliers *ou* Chevaliers, *auquel les mss. K, L attribuent la chanson* Au comencier de ma nouvele amor, *et* Mesire Quenes de Bethune *ne font qu'une seule et même personne. La chanson se retrouve dans* J[1] *(f. 11 v) sous le nom de* Mesire Quesnes chevalier, *désignation qui se rencontre encore deux fois dans le même ms. (fol. 10 v et fol. 40 r).*

1. Villehardouin écrit *Coenes* ou *Cuenes*; Philippe Mouskes *Quennes* (de la Bietune 20451, 23034). Une chronique de Flandre citée dans Duchesne (*Hist. gén. de la mais. de Béthune*, p. 74) *Connain;* Niketas Choniates (éd. Bekker, Bonn, 1835, p. 825) dit τὸν τῆς Πετούνης κόμητα Κόνωνα; il se nomme enfin lui-même *Cono de Bethunia* dans deux chartes latines du cartulaire de Saint-Barthélemy de Béthune, datées de 1202.

En dehors des onze pièces de Quenes *que j'imprime ici on lui attribue encore généralement la chanson :*

Chanter m'estuet que m'en est pris coraige

d'après l'autorité du ms. J[1]*. Elle a été imprimée dans le* Romancero françois *de M. Paulin Paris (p. 85) et dans les* Trouvères Artésiens *de M. Arthur Dinaux (p. 390). D'après le témoignage plus décisif des mss. K, L, elle paraît appartenir plutôt à* Mesire Giles de Viés Maisons (*trois mss. du 2° groupe, E, F, G, la rangent cependant parmi les pièces de* Mesire Robert de Marberoles).

M. Dinaux attribue aussi à Quenes, *d'après l'autorité du chansonnier de Berne, le jeu-parti :*

Amis Bertrans dites moy le millor

que j'ai imprimé dans mon édition de ce ms. (Archiv XLI, p. 347). *Wackernagel* (altfranzœsische Lieder, p. 104) *avait déjà reconnu que ce jeu-parti ne pouvait pas avoir été composé par* Quenes, *d'autant plus que* Guichairs, *le véritable auteur, est nommé au commencement du second couplet, ce qui est de règle dans les jeux-partis.*

En finissant son article sur Quenes *M. Dinaux ajoute* (Trouv. Art. p. 407) :

« Il reste encore trois chansons connues de ce charmant
» trouvère; elles commencent par les vers suivants :

    1 Au point d'yver.....

    2 Dex est assis en son saint.....

    3 Gente m'est la saison d'été.....

» A tout il faut des bornes; sans la longueur démesurée de
» cette notice, nous ne nous lasserions pas de citer les produc-
» tions du plus aimable poëte qu'ait enfanté l'antique province
» d'Artois. »

A l'exception de la seconde pièce qui n'est que le 3° couplet de :

Ay amors com dure departie

MESIRE QUENES DE BETHUNE.

(particularité qui a échappé à M. Dinaux), ces chansons ne sont point aussi connues qu'il veut bien le dire, et s'il allègue la longueur de sa notice sur Quenes, pour ne pas les insérer en entier, c'est qu'à la vérité il est dans l'embarras de les produire. En effet, il ne connaissait guère ces deux chansons que d'après Laborde qui, dans sa table des concordances, a donné le premier vers de chacune d'elles (Essai, II, 315). Il les citait d'après la table du ms. K qu'il désigne sous le nom de ms. du roi, et d'après le chansonnier de Sainte-Palaye, dont j'ai parlé plus haut. Or, la table du ms. K est fort inexacte et ne correspond souvent avec le texte du volume ni pour l'attribution des pièces ni pour leur suite. Souvent même elle contient des indications de pièces qui ne figurent pas dans le corps du ms. tandis qu'elle en omet qui s'y trouvent. On serait tenté de croire que ce serait plutôt une liste des pièces que le scribe se proposait de copier dans les différents recueils qu'il mettait à contribution, que de celles qu'il a copiées en effet. Quoi qu'il en soit, ces pièces ne figurent pas au ms., qu'elles n'aient jamais fait partie du chansonnier ou qu'elles aient été enlevées aux ciseaux, comme tant d'autres dans ce magnifique recueil qui se trouve dans un état affreux de mutilation. Le second ms. qui les contenait et qui appartenait à Sainte-Palaye, est actuellement perdu comme je l'ai dit plus haut.

La table inexacte du ms. K que Laborde avait le tort de consulter exclusivement au lieu du ms. même, lui a fait commettre un certain nombre d'erreurs qui sont en grande partie reproduites sans examen dans le livre de M. Dinaux. Pour ne citer qu'un seul exemple, Laborde dit que la chanson :

L'autrier un jor apres la Saint Denise

est attribuée à Jean Erars dans le ms. du roi (K). Cependant la table même cite cette pièce parmi les chansons de Quenes. Dans le nombre des pièces de Jean Erars indiquées par la table il y en a une qui commence ainsi :

Lautrier un jor

Elle ne se trouve plus dans le corps du volume; c'était probablement, à en juger par le début si commun pour ce genre de poésie, une des nombreuses pastourelles que Jean Erars *nous a laissées. En tout cas elle n'avait rien à faire avec la pièce de* Quenes *qui se trouve encore sous son nom dans le volume (fol. 47 v) et dans la table. Au lieu de vérifier l'assertion de Laborde, ce qui lui eût été facile s'il eût seulement pris la peine de chercher à reconnaître quel était le chansonnier que ce critique désignait sous le nom de* Ms. du roi, *M. Dinaux s'attache à démontrer à grand renfort d'arguments (p. 397) que cette pièce ne peut pas être de Jean Erars.*

J'ai exclu de la liste des chansons de Quenes *la pièce*

Voloirs de faire chanson

qui lui est attribuée par le chansonnier de Berne et que M. Dinaux admet parmi ses poésies d'après l'autorité de ce ms. Le chansonnier K qui (comme j'ai déjà eu occasion de le dire) a plus de poids dans la balance pour l'attribution des pièces que tout autre ms. et avant tout que le chansonnier de Berne, l'attribue, d'accord avec le ms. L, à Maistre Willeaumes li viniers *(K fol. 105 v, L fol. 26 v). Cette rédaction compte deux couplets de plus que celle du chansonnier de Berne.*

La même autorité pour l'attribution des pièces qui nous a servi à éliminer de la liste des œuvres de Quenes *une chanson dont* Willeaumes li viniers *est le véritable auteur, assure d'un autre côté à notre poëte la paternité de la pièce :*

Il avint ja dans un autre païs

qui est attribuée à Richars de Furnival *par trois mss. du second groupe (E, F, G), mais qui appartient à* Quenes *d'après le témoignage du ms. K (d'accord avec A et L). En règle générale, les attributions des mss. du deuxième groupe ne doivent jamais être admises sans examen.*

Les chansons de Quenes *nous fournissent encore deux autres exemples qui démontrent combien on est en droit de se méfier des désignations de ces mss. C'est d'abord la chanson :*

MESIRE QUENES DE BETHUNE.

Ay amors, com dure departie

qui appartient à Quenes *d'après l'autorité de cinq mss. de trois groupes différents (ce qui augmente naturellement de beaucoup le poids de leur témoignage). Les mêmes trois mss. du second groupe qui font honneur, comme nous venons de voir, à Maistre Richars de Furnival d'une des meilleures pièces de* Quenes, *s'accordent aussi à assigner cette pièce de* Quenes *à un poëte qui, à vrai dire, n'a guère besoin de voir augmenté son bagage littéraire, au* chastelain de Couci. *C'est sur l'autorité très-peu assurée de ces trois mss. (dont deux, E et F, sont exécutés par le même copiste) que Laborde et Michel réclament cette belle chanson pour leur trouvère de préférence. Elle appartient de plein droit à* Quenes, *et je l'ai imprimée ci-après* (IIII).

La troisième pièce de Quenes, *attribuée faussement à un autre par des mss. du* 2⁸ *groupe, c'est la chanson :*

Au commencier de ma nouvele amor.

que le ms. E place sous le nom de Jaques d'Espinais, *et le ms. F sous celui de* Gautiers d'Espinais, *mais qui est assignée par* J¹, K, L, *à* Mesire Quesnes chevalier, chevaliers (cevaliers) (*voy. p.* 2).

Les chansons de Quenes *ont été, pour la plus grande partie, très-souvent publiées, mais trop souvent aussi d'une façon fort incorrecte.*

Voici les titres des ouvrages où elles figurent :

Sinner, Cat. codd. mss. bibl. Bern., *III,* 365 (*la chanson* IIII *d'après A*).

Laborde, Essai sur la musique, *II,* 302 (*la même, parmi les pièces du châtelain de Coucy auquel elle est attribuée à faux par les mss. E, F, G*); *II,* 169 (VIIII, *d'après K*).

Auguis, Poètes françois depuis le XII⁸ siècle, *II,* 21 (VIIII, *d'après Laborde*).

Paulin Paris, Romancero françois, *pp.* 83-110 (I, II, IIII, V, VII, VIII, VIIII, *d'après B, K, L*).

Van Hasselt, Essai sur l'histoire de la poésie française en Belgique, *p.* 18-31 *(III, IIII, V, VII, VIIII, d'après M. Paris).*

Buchon, Recherches et matériaux pour servir à une histoire de la domination française dans les provinces démembrées de l'empire grec, *I,* 419-423 *(I-X, d'après les mss. K et L).*

Dinaux, Trouvères Artésiens, *p.* 386 *et suiv. (I-XI d'après A, K, L).*

Keller, Romvart, *p.* 254 *(IIII d'après N).*

Mætzner, altfranzœsische Lieder, *p.* 7 *(IIII d'après Keller).*

Wackernagel, altfranzœsische Lieder und Leiche, *p.* 39-42 *(IIII, XI, d'après A).*

Michel, Chansons du châtelain de Coucy, *p.* 85 *(IIII d'après E, F, G).*

Leroux de Lincy, Chants historiques, *I,* 30-43 *(III, VII, VIII, VIIII, d'après B, K, L); I,* 109-115 *(IIII, V, d'après A, K, L).*

Bartsch, Chrestomathie de l'ancien français, *col.* 183-186 *(III, IIII, d'après Mætzner, Leroux de Lincy et les mss. K, L).*

Mon édition du chansonnier de Berne, Archiv, *XLII, p.* 330 *et* 368 *(VII, VIIII d'après A).*

Hofmann, altfranzœsische lyrische Gedichte, *p.* 23 *(VIIII, d'après A).*

Meyer, dans les Archives des missions scientifiques et littéraires, *2ᵉ série, tome V, p.* 226 *(VII, d'après D).*

M. Dinaux, qui, comme je viens de le dire, a imprimé le plus grand nombre des pièces de Quenes *dans ses* Trouvères Artésiens, *s'est quelquefois étrangement mépris sur le sens du texte qu'il publiait. P. ex. il prend I,* 14 hardement *pour un adverbe; III,* 1 il traduit m'envoise *par je chante, au v.* 4 defois *par défaut, au v.* 19 outrageus del trover *par hardi en mes vers; X,* 1 derverie *par amour. Son texte, qui n'a aucun caractère critique, est ou très-mal transcrit ou imprimé avec très-peu de soin : il four-*

mille de formes barbares qui ne se trouvent dans aucun ms. et de mots changés ou estropiés qui défigurent quelquefois les phrases de façon à les rendre inintelligibles.

I.

J¹ fol. 10 *r (Mesire Guesnes) L fol.* 101 *r (Mesire Quenes).*

Chançon legiere a entendre
Ferai, car bien m'est mestiers
Que chascuns la puist aprendre,
Et qu'on la chant volentiers;
5   Ne par altres messagiers
N'iert ja ma dolors mostrée
A la millor qui soit née.

Tant est sa valors doblée
Qu' orguels et hardemens fiers
10   Seroit, se ja ma pensée
Li descovroie premiers;
Mais besoins et desiriers
Et ce qu'on ne puet atendre
Fait maint hardement emprendre.

15   Tant ai celé mon martire
Toz jors a tote la gent,
Que bien le devroie dire
A ma dame solement,
Qu'amors ne li dist neant
20   Neporquant, s'ele m'oblie,
Ne l'oblierai je mie.

Porquant se je n'ai aïe,
De li et retenement,

Bien fera et cortoisie
25 S'alcune pitiés l'emprent.
Al descovrir mon talent
Se gart bien de l'escondire
S'ele ne me vuet ocirre.

Fols sui, qui ne li ai dite
30 Ma dolor qui est si grans,
Bien deüst estre petite
Par droit, tant sui fins amans!
Mais je sui si mescheans
Que, quanques drois m'i avance,
35 Me retolt ma mescheance.

Toz i morrai en soffrance;
Mes sa bealtez m'est garans
De ma dame et la semblance
Qui toz mes mals fait plaisans.
40 Si que je muir toz joians,
Que tant desir sa merite
Que ceste mort me delite.

Noblet, je sui fins amans,
Si ai la millor eslite
45 Dont onques chançons fu dite.

II.

*B fol. 102 v (sans nom d'auteur, les coupl. 3 et 4 intervertis)
E pag. 215 (attribuée à Jaques d'Espinais, l'envoi manque) F
fol. 104 r (Gautiers d'Espinais, l'envoi manque) G fol. 135
(sans nom d'auteur, l'envoi manque) K fol. 22 v (attr. à Cevaliers, à moitié arrachée) L fol. 98 r (Chevaliers) J¹ fol. 11 v*

(Mesire Quesnes chevalier) *M fol. 11 r (l'envoi manque, sans nom d'auteur).*

Al comencier de ma novele amor
Ferai chançon, car pris m'en est talens ;
Si vuel prier a cele qui j'aor,
Puisque del tot li sui obedians,
5 Por Deu, qu'ele ne m'i soit desdaignans :
Ainz daint voloir que par moi soit servie,
Si en serai plus liez tote ma vie.

   Ce ne me doit nuls tenir a folor,
Se je desir estre ses bien voillans,
10 Puisque bialtez fait de li mireor
Et en toz biens est ses entendemans.
Deus! com serai renvoisiés et joians,
Se ja nul jor vers moi tant s'umilie
Que par son gré l'os apeler amie !

15   Je me delis al espoir que j'en ai
Si dolcement, qu'il m'est sovent avis
Qu'ele m'otroit s'amor de cuer verai :
Mais tost m'en est cest dolz pensers faillis,
Car de paor sui mas et esbahis,
20 Tant dot raison, se ele i met s'entente,
Sanz estre amez criem morir en atente.

   Et nonporquant toz jors la servirai
Sanz falseté come leals amis
Car nuls fins cuers ne doit estre en esmai
25 Portant qu'il s'est en halte amor assis ;
Alns doit penser, coment iert desservis
Li tres grans biens, ou il a mis s'entente :

Ne ja nul jor por mal ne s'en repente.
Il m'est avis, qui a droit vuet jugier
30 Que fins amans ne doit d'amor partir,
Qu'en poi d'ore rent ele tel loier
Que nuls n'auroit pooir del desservir.
Por ce li vuel bonement obeïr,
Et vuel prier ma dame honorée
35 Qu'avec bialté soit pitiez assamblée.
Cuens de Guelre, riens ne puet avancier
Fors bone amors celui qui a li bée :
Entendez i, s'iert vostre honors doblée.

III.

K fol. 45 v (Quenes. Le dernier mot du v. 19 et les vers 20 et 21 sont arrachés avec les armes de Quenes qui se trouvaient sur le recto) L fol. 99 r (Mesire Quenes).

Molt me semont amors que je m'envoise,
Quant je plus doi de chanter estre cois.
Mais j'ai plus grant talent que je me coise,
Por ce s'ai mis mon chanter en defois
5 Que mon langage ont blasmé li François
Et mes chançons, oiant les Champenois
Et la contesse encor, dont plus me poise.
La roïne n'a pas fait que cortoise
Qui me reprist, ele et ses fils li rois ;
10 Encor ne soit ma parole françoise,
Si la puet on bien entendre en françois.
Ne cil ne sont bien apris ne cortois

MESIRE QUENES DE BETHUNE.

S'il m'ont repris, se j'ai dit mot d'Artois,
Car je ne fui pas norris a Pontoise.
15 Deus, que ferai? dirai li mon corage?
Li irai je dont s'amor demander?
Oïl, par Deu! car tel sont li usage
Qu'on n'i puet mais, sans demant, rien trover.
Et se je sui oltragos del trover,
20 Ne s'en doit pas ma dame a moi irer,
Mais vers amors qui me font dire oltrage.

IIII.

A fol. 1 v (Cunes de Betunez) C¹ fol. 74 r (les couplets 1, 2, 4, 6, 5, sans nom d'auteur) E pag. 93, F fol. 39 r et G f. 29 (les couplets 1, 2, 4, 6, 5, au chastelain de Couci) J³ fol. 40 r (les couplets 1, 2, 6, 5, 4, à Mesires Quesnes chevalier) K f. 46 v et L fol. 100 r (les couplets 1, 2, 6, 5, 4, 3, à Quenes de Betune) M fol. 90 v (sans nom d'auteur, la rédaction du ms. A sans les 4 derniers vers qui appartiennent exclusivement à ce ms.) N fol. 23 v (les couplets 1, 2, 6, 5, et les v. 25-30, à Quenes de Bietune). Le fragment f (partie du Chansonnier d'Este) que je n'ai pas vu, contient une copie italianisée de notre chanson, elle est la 49ᵉ au rang des pièces que le scribe a attribuées à tort à Monios.

Ahi, amors, com dure departie
Me covient faire a perdre la millor,
Qui onques fust amée ne servie!
Deus me ramainst a li par sa dolçor
5 Si voirement com j'en part a dolor!
Deus! qu'ai je dit? ja ne m'en part je mie:

Se li cors va servir nostre signor,
Toz li miens cuers remaint en sa baillie.
Por li m'en vois sospirant en Surie,
10 Car nuls ne doit faillir son creator;
Qui li faldra a cest besoing d'aïe,
Sachiez de voir, faldra li a grignor.
Et sachent bien li grant et li menor
Que la doit on faire chevalerie,
15 Qu'on en conquiert paradis et honor
Et los et pris et l'amor de s'amie.

Lonc tans avons esté pro par oisose :
Or i parra qui a certes iert pros,
Qu'il voist vengier la honte dolerose,
20 Dont toz li mons est iriés et hontos,
Quant a nos tens est perdus li sains lius
Ou Deus por nos soffri mort angoissose.
Or ne nos doit retenir nule honors
D'aler vengier ceste perte hontose.

25 Qui or ne vuet avoir vie anoiose,
S'i voist morir liés et bals et joios;
Car cele mors est dolce et saverose,
Ou conquis est paradis et honors.
Ne ja des mors n'en i aura uns sols,
30 Ains vivront tuit en vie gloriose.
Et sachiez bien, que ne fust ameros,
Molt fust sa voie et bone et delitose.

Tuit li clergiés et li home d'eage
Qui de bienfais et d'almosnes vivront,
35 Partiront tuit en cest pelerinage,
Et les dames qui chastement vivront,

Et lealté portent cels qui iront :
Et s'eles font par mal conseil folage,
A lasches gens malvaises le feront,
40 Car tuit li boen iront en cel voiage.
 Deus est assis en son saint heritage :
Or i parra com cil le secorront
Qui il geta de la prison ombrage,
Quant il fut mis en la crois que Turc ont !
45 Certes, tuit cil sont honi qui n'i vont,
S'il n'ont poverte ou viellece ou malage,
Et cil qui sain et jone et riche sont
Ne porront pas demorer sans hontage.
 Las ! je m'en vois plorant des eus del front
50 La ou Deus vuet amender mon corage,
Et sachiez bien qu'a la millor del mont
Penserai plus que ne fais a voiage.

Le chansonnier provençal conservé à la bibl. du Vat. sous le n° 3208 contient à la p. 54 une chanson que M. le Dr Grüzmacher a publiée dans l'Archiv für das Studium der neueren Sprachen, t. 34, p. 376, parce qu'il ne la trouvait dans aucun autre chansonnier provençal et qu'il la croyait inconnue. Ce sont deux chansons françaises bien connues que le scribe provençal a fondues ensemble. On reconnaît encore, à travers le langage horriblement mutilé et défiguré par le fait du copiste qui évidemment ne comprenait pas le plus souvent ce qu'il transcrivait, dans le premier couplet du ms. du Vatican (Fonka nuls hom por dura departea) et le deuxième (Li renoiers, etc.) les deux premiers couplets de la chanson française très-souvent imprimée (par Laborde, Tarbé, Michel, Keller, Mætzner, Leroux de Lincy et dans mon édition du Chansonnier de Berne n° 467):

S'onques nuls hom por dure departie

que le ms. A attribue au roi Thibaut, E et G au châtelain de Coucy, et K, L, N, Q, avec plus de raison, à Hugues de Bregi. Les 4 premiers vers du 3° coupl. de la pièce provençalisée *qui commence :* Mult acrossez amoros acointandre, *correspondent au* 4° *coupl. de* S'onques nuls hom *dans* N: Tout a croisies amourous a contendre; *les 4 derniers aux v.* 5-10 *de notre chanson* Ahi, amors, *etc.; les coupl.* 4 *et* 5 *sont les coupl.* 2 *et* 6 *de notre pièce,* 6 *et* 7 *sont* 3 *et* 4 *de* S'onques nuls hom *dans* N; *viennent ensuite dans le ms. du Vatican le* 5° *de la même pièce dans la réd. de* L (*ce coupl. manque dans* N) *et le* 6° *de cette réd. qui se trouve également dans* N *et qui est le* 3° *dans* A. *Quant aux* 4 *derniers vers de la copie* provençalisée *du Vatican, je ne les retrouve dans aucun chansonnier français.*

V.

B fol. 96 r (*sans nom d'auteur*) *E pag.* 398 *et F fol.* 183 r (*les couplets* 1, 4, 2, 6, *et les vers* 37-40, *rédaction toute différente, sans nom d'auteur*) *K fol.* 47 r *et L fol.* 100 v (*les couplets* 1, 2, 3, 6, 4, *attribués à Sire* (Mesire L) Quenes, *rédaction plus rapprochée de celle du ms.* B) *M fol.* 18 r (*la rédaction du ms.* F *plus les vers* 49-52, *sans nom d'auteur*).

Bien me deüsse targier
De chançons faire et de dis et de chans,
Quant il m'estuet aloignier
De la millor de totes les vaillans.
5 Et s'en puis bien faire voire vantance
Que je fais plus por Deu que nuls amans.
Si en sui bien en droit m'arme joians,
S'en ai a cuer et pitié et pesance.
Chascuns se doit enforcier

10 De Deu servir, ja n'i soit li talans,
   Et la char vaincre et plaissier,
   Qui toz jors est de pechier desirans;
   Et lors voit Deus la doble penitence,
   Helas! se nuls se doit salver dolans,
15 Dont doit par droit ma merite estre grans,
   Car plus dolans ne s'en part nuls de France.
      Vos qui robez les croisiez
   Ne despendez mie l'avoir ensi :
   Anemi Deu en seriez.
20 Las! que poront dire si anemi,
   La ou li saint trambleront de dotance
   Devant celui qui onques ne menti?
   A icel jor seront tuit mal bailli,
   Se sa pitiés ne cuevre sa pesance!
25   Ne ja, por nul desirier
   Ne remaindrai ci avec ces tyrans
   Qui sont croisié a loier
   Por dismer clercs et borjois et serjans :
   Plus en croise envie que creance;
30 Puisque la crois n'en puet estre garans,
   A cels croisiés sera Deus trop soffrans
   S'il ne s'en venge a poi de demorance!
      Li quens s'en est ja vengiés
   Des hals barons qui or li sont failli :
35 Qu'or les volsist enpirier,
   Qui sont plus vil que onques mais ne vi
   Si mal deshait, bers de si faite semblance
   Con li oisels qui conchie son nit!
      Poi a de cels : n'a son regne honi,

40 Puis qu'il i a sor ses homes poissance.
Qui si a baron empiriez,
Sert sans aür, ja n'aura tant servi
Que lor en praigne pitiez.
Por ce valt mielz Deu servir, que je di
45 Que lui n'afiert ne aür ne chevance
Mais qui mielz sert et mielz li est meri.
Pleüst a Deu qu'amors feïst ensi
Envers toz cels qu'en li ont lor fiance !
Or vos ai dit des barons la semblance :
50 Se lor en poise de ce que je ai dit,
Si s'en praignent a mon maistre d'Oisy
Qui m'a apris a chanter tres m'enfance.

Le ms. qui a seul conservé le 5e couplet complet et (avec M) les vers 49-52 si importants pour l'histoire littéraire et particulièrement pour fixer l'âge respectif de Hues d'Oisy *et de* Quenes de Bethune *contient à la suite de ceux-ci quatre autres vers qui ont été omis par tous les éditeurs. Il est vrai qu'ils présentent des difficultés d'explication, mais ce n'était pas, selon moi, une raison de les passer sous silence. Les voici :*

Par Deu, compains, adés ai ramanbrance
C'onques aüst amin ne tous li mons
Ne vadroit riens sans li magrei Gilon
Adés croif sa vaillance.

On voit tout de suite que ces quatre vers ne se rattachent au serventois de Quenes *ni par la construction rhythmique ni par le sens. Mais comment expliquer leur présence dans le ms.* B, *où ils sont rangés à la suite des autres couplets et écrits de la même main? J'incline à croire que nous avons affaire à un fragment de* sotte chanson *du genre de celles dont le ms.* D *nous a conservé de si nombreux exemples ou d'une chanson satirique dans le goût de :*

Arras est escole de tous biens entendre (L fol. 197 r);

car on pourrait restituer, sans faire trop de violence au texte, les quatre vers de cette manière :

>   Par Deu, compains, adés a ramanbrance
>   Qu'onques eüst amin, que tous li mons
>   Ne valdroit rien sans le maigre Gilon;
>   Adés croist sa vaillance!

La confusion du scribe qui aurait fait entrer ce fragment dans la pièce de Quenes aurait été causée par les rimes en ance. *Il n'est pas sans exemple que des copistes peu soigneux aient rattaché des couplets isolés à une chanson connue, sans autre raison suffisante. Il faudrait encore, pour motiver une telle supposition, admettre beaucoup d'inintelligence et très-peu de soin de la part du scribe. Et en effet, ces deux défauts se retrouvent dans presque toutes les pièces de cette partie du ms. B, laquelle constitue la seconde section de ce chansonnier comprenant les feuilles 94 à 109. (Je ne tiens pas compte des deux feuillets 92 et 93 qui, laissés en blanc originairement, ne paraissent être remplis qu'à la fin du XIIIe s. par celui qui a réuni les différents cahiers sous une même couverture). Cette section, qui est regardée, à tort selon moi, comme la plus ancienne du ms. par M. Leroux de Lincy (Bibl. de l'Éc. des chartes, I, 360), formait comme les autres dans l'origine un cahier à part qui, pour le jongleur, tenait lieu des rouleaux que nous voyons sur les miniatures du ms. M. Ce cahier a été probablement écrit de la main même du jongleur. Les jongleurs portaient ces rouleaux ou cahiers avec eux pour chanter les chansons qu'ils y avaient transcrites.*

Je ne puis pas entrer ici dans plus de détails sur la composition de ce recueil, j'aurai à en parler plus amplement dans l'introduction; il doit me suffire, pour le moment, de constater que cette seconde section est exécutée avec autant de négligence que le scribe de la première a apporté de soin dans son travail. En dehors des mots travestis par une orthographe impossible, il y a presque sur chaque page des mots et des lettres oubliés : on dirait que le scribe a écrit à la hâte ou sous la dictée de quelqu'un. Heureusement ces corruptions n'entachent que la langue et l'orthographe, et il est possible le plus souvent de reconnaître la bonne leçon à travers le langage corrompu par la négligence du copiste.

On trouvera à la fin du volume les variantes de B pour cette chanson et pour les autres qui se rencontrent dans cette section : elles donneront une idée suffisante de l'état général du texte qui me paraît autoriser la supposition que je viens d'émettre sur la nature des quatre vers et sur la raison pour laquelle ils se trouvent à cette place ainsi que les corrections que j'ai proposées pour leur rendre un sens.

VI.

A fol. 237 v (sans nom d'auteur) K fol. 45 v et L fol. 99 r (les couplets 1, 2, 4, attribués à Mesire Quenes).

Tant ai amé qu'or me covient haïr,
    Et si ne quier mais amer,
S'en tel liu non, qu'on ne sache mentir,
    Ne decevoir ne falser.
5 Trop longuement ai soffert ceste paine,
    Qu'amors m'a fait endurer,
Mais nonporquant leal amor certaine
    Voldroie encor recovrer.

    Assez i a de celes et de cels
10   Qui dient que j'ai mespris

De ce qu'ai fait coverture de sels.
    Mais li pluisor ont mespris
De son anel que je mis en traïne,
    Car en boen droit i fu mis;
15 Car par l'anel fu faite la saisine
    Dont je sui mors et traïs.

A molt boen droit en fis ce que j'en fis,
    Se Deus me doinst boens chevals,
Et cil qui dient que j'ai mespris
20   Sont parjure et tuit fals.
Por ce deschiet bone amors et descline,
    Car on lor soffre les mals;
    Et cil qui celent les fals,
Covines font les pluisors desleals.

25   Qui or voldroit leal amin trover,
        Si vaigne a mon loz choisir;
    Mais bele dame se doit bien garder,
        Que ne m'aint pas por traïr,
    Qu'ele feroit com fole et com vilaine
30   S'en poroit bien mal oïr;
    Ainsi com fist la false chapelaine,
        Que toz li mons doit haïr.

Le sens de la plus grande partie de cette pièce est loin d'être clair. Les difficultés d'explication tiennent moins encore aux corruptions que le texte paraît avoir subies qu'à l'ignorance absolue dans laquelle nous nous trouvons sur les faits de la vie privée de Quenes auxquels il est fait allusion dans cette pièce.

VII.

A fol. 98 r (Messirez Cunes de Betunes) B fol. 136 v (sans nom d'auteur) D grans chans XIV (sans nom d'auteur) E pag. 226 F fol. 109 et G fol. 152 (le dernier coupl. manque, attr. à Richars de Furnival) K fol. 45 et L fol. 98 (Mesire Quenes) M fol. 74 v (le dernier couplet manque, sans nom d'auteur) f, la 56e pièce attribuée à Monios.

    Il avint ja en cel altre païs
    Qu'uns chevaliers ot une dame amée.
    Tant com la dame fut en son boen pris
    Li a s'amor escondite et veée.
5 Tant qu'a un jor ele li dist : « Amis,
    Mené vos ai par paroles mains dis :
    Or est l'amors coneüe et prouvée,
    Desoremais sui a vostre plaisir. »

    Li chevaliers l'esgarda ens el vis,
10 Si la vit molt pale et descolorée.
    « Dame, » fait-il, « mort m'avez et traït
    Quant des l'altre an n'ostes ceste pensée,
    Vostres bialz vis, qui sembloit flor de lis
    M'est si torné del tot de mal en pis,
15 Qu'il m'est avis que me soiez emblée,
    A tart avez, dame, cest consoil pris. »

    Quant la dame s'oït si ramposner
    Vergoigne en ot, et a cuer l'en prist ire.

« Par Deu! vasals, on vos doit bien amer!
20 Cuidiez vos donc qu'a certes le deïsse?
Nenil, par Deu! ne me vint en penser
Qu'onques nul jor je vos doignasse amer,
Que vos avez sovent gringnor envie
D'un bel valet baisier et acoler. »

25 — « Par Deu! dame, j'ai bien oït parler
De vo bialté, mais ce n'est ore mie;
Et de Troies ai je oït conter
Qu'ele fut ja de molt grant seignorie;
Or n'i puet on fors la place trover:
30 Por ce vos lo, dame, a escuser
Que cil soient reté de tricherie
Qui desormais ne vos voldront amer. »

— « Par Deu! vasals, mar vos vint en penser
Que vos m'avez reprové mon eage,
35 Se j'avoie tot mon jovent usé,
Si sui je riche et de molt halt parage,
On m'ameroit a petit de bialté.
Certes, encor n'a pas .II. mois passés
Qui li marchis m'envoia son message,
40 Et li Barrois ala por moi joster. »

— « Par Deu! dame, ce vos puet bien grever
Que vos gardez toz jors en signorage.
On n'aime pas dame por parenté
Ains l'aime l'on quant ele est bele et sage
45 Vos en saurez par tens la vérité,

Car tel cent ont por vostre amor josté
Qui, s'estiez fille al roi de Cartage
N'en averoient jamais la volenté. »

VIII.

K fol. 46 v et L fol. 99 v (à Mesire Quenes).

Bele dolce dame chiere,
Vostre grans bialtez entiere
   M'a si sospris,
Que se g'iere en paradis
5   S'en revendroie arriere,
Par covent que ma proiere
   M'eüst la mis
Que fuisse vostre amis
N'a moi ne fuissiez fiere,
Car ainc en nule maniere
10   Ne forfis,
Que fuissiez ma guerriere.

  Por une qu'en ai haïe,
Ai dit as altres folie
   Come iros;
15   Mal ait vos cuers covoitos
Qui m'envoia en Surie!
False estes, voir plus que pie,
   Ne mais pour vos
N'averai mes eus ploros.
20   Vos estes de l'abeïe

As sofraitos,
Si ne vos nomerai mie.

VIIII.

A fol. 123 *r* (Cunes de Betunes) *B fol.* 97 *v* (*sans nom d'auteur*) *K fol.* 47 *v et L fol.* 100 *v* (1, 2, 4 *à* Mesire Quenes).

L'altrier, un jor apres la Saint Denise,
Jere a Betunes ou j'ai esté sovent;
Remembrai moi des gens de male guise
Qui m'ont sus mis mensonge a esciant,
5 Que j'ai chanté des dames folement.
Mais il n'ont pas ma chanson bien aprise,
Qu'ains n'en chantai fors d'une solement
Qui me fist tant que vengence en fut prise.

Il n'est pas drois d'un home desconfire,
10 Si vos dirai bien la raison coment :
S'on prant, par droit, d'un laron la justice
Qu'en afiert il a leals? — De neant!
Neant, par Deu! qui raison i entent.
Mais la raison est si ariere mise,
15 Que ce qu'on doit loer, blasment la gent,
Et loent ce que li sage moins prise.

Dame, lonc tens ai fait vostre servise
La mercit Deu, or n'en ai mais talent :
Qu'une altre amor m'est el cuer si assise,
20 Que toz li cors en alume et esprent,
Et me semont d'amer si haltement,
Qu'en moi ne truis ne orguel ne faintise.

88 MESIRE QUENES DE BETHUNE.

Et j'amerai, ne puet estre altrement,
Si me metrai del tot en sa franchise.
25 En la millor del realme de France,
Voire del mont, ai mis tot mon penser.
Mais ce me fait sovent estre en dotance,
Que sa valor ne me taigne en vilté.
Car tant redot l'orgoillose bialté
30 Mais ce me fait avoir bone esperance,
Qu'el monde n'a nule si grant fierté,
Qu'amors ne puist plaissier par sa puissance.

X.

K fol. 46 *v* (Mesire Quenes de Betune) *L fol.* 99 *v*
(Mesire Quenes).

Se rage et derverie
Et destrece d'amer
M'a fait dire folie
Et d'amor mesparler;
5 Nuls ne m'en doit blasmer.
Se a tort me fausnie
Amors qui j'ai servie,
Ne me sai ou fier.
Amors, de felonie
10 Vos voldrai esprover.
Tolu m'avez la vie
Et mort sanz desfier.
La m'avez fait penser
Ou ma joie est perie.

15 Cele qui je en prie
Me fait d'altre esperer.
Plus est bele qu'image
Cele que je vos di;
Mais tant a vil corage
20 Anuios et failli,
Qu'ele fait tot ausi
Con la louve salvage,
Qui des lous d'un boscage
Trait le pior a li.
25 N'a pas grant vasselage
Fait, s'ele m'a traï;
Nuls ne l'en tient por sage
Qui son estre ait oï :
Mais puisqu'il est ainsi
30 Qu'ele a tort m'i degage,
Je li rent son homage
Et si me part de li.
Molt est la terre dure,
Sanz iave et sanz humor,
35 Ou j'ai mise ma cure.
Mais n'i cueldrai nul jor
Fruit ne foille ne flor :
S'est bien tans et mesure
Et raisons et droiture
40 Que li rende s'amor.

XI.

A fol. 229 v (le vers 32 manque, Cunes de Betunes) *B fol. 28 r (sans nom d'auteur) f, la* 47ᵉ *pièce attr. à* Monios.

Si voirement, com cele dont je chant,
Valt mielz que totes les bones qui sont,
Et je l'ain plus que rien qui soit el mont,
Si me doinst Deus s'amor sens decevoir :
5 Que tel desir en ai et tel voloir,
Ou tant ou plus, Deus en sait la verté,
Com li malades desire la santé
Desir je li et s'amor a avoir.

Or sai je bien que riens ne puet valoir,
10 Tant com cele de cui j'ai tant chanté,
Qu'or ai veü et li et sa bialté.
Et si sai bien que tant a de valor,
Que j'en doz faire et oltrage et folor :
D'amer si halt ne m'averoit mestier.
15 Et nonporquant maint povre chevalier
Fait riches cuers venir a halte honor.

Ains que fuisse sospris de ceste amor,
Savoie je altre gent conseillier.
Et or sai bien d'altrui jeu enseignier,
20 Et si ne sai mie le mien juer.
Si sui com cil qui as eschas voit cler,
Et qui tres bien enseigne l'altre gent,
Et quant il jue, s'i pert si son sen,
Qu'il ne se sait escorre del mater.

25   Helas! iriés je ne sai tant chanter
Que ma dame perçoive mon torment :
N'encor n'est pas si grans mes hardemens,
Que je li os dire les mals que trais
Ne devant li n'en os parler ne sai ;
30   Et quant je sui aillors, devant altrui,
Lors i parol, mais si poi m'i desdui,
Qu'un anui valt li desduiz que j'en ai.

        Trestot devis, coment je li dirai
La grant dolor que j'en trais sens anui,
35   Que tant la doz et desir quant g'i sui,
Que ne li os descovrir ma raison,
Si va de moi, come del champion,
Qui de lonc tens aprant a escremir :
Et quant ce vient el champ as colps ferir,
40   Si ne sait rien d'escu ne de baston.

La pièce précédente ne manque pas d'intérêt au point de vue de la métrique. Voici le tableau des rimes :

        1. *a bb cc dd c*
        2. *c dd ee ff e*
        3. *e ff gg hh g*
        4. *g hh ii kk i*
        5. *i kk ll mm l*

On remarquera tout d'abord que la première rime de chaque couplet est la même qui termine le couplet précédent; c'est une forme provençale bien connue, appelée cobla capcaudada *ou* capcoada *par les* Leys d'amors *(Monuments de littérature romane publ. p. Gatien Arnoult, I, 168 et 236). Par ce fait que la première rime de chaque couplet est reliée à la dernière du couplet précédent, la pièce offre (en dehors des rimes I, 1 et V, 8) une série régulière de rimes plates. C'est là un fait tout particulier, généralement, dans la poésie lyrique du Nord aussi bien que dans celle du Midi, l'emploi de la rime plate se borne aux deux ou trois derniers vers des strophes* (cobla caudada, Leys, I, 169), *aux refrains, aux courts couplets qui finissent souvent les chansons en répétant les dernières rimes de la dernière strophe, et aux envois qui répètent aussi souvent ces rimes*[1]. *Notre chanson présente dix rimes plates réparties entre les cinq couplets de manière que chaque couplet conserve les deux dernières rimes du couplet précédent et introduit à la place des deux premières deux nouvelles qui sont conservées à leur tour dans le couplet suivant. Ainsi chaque rime (toujours à l'exception de la première et de la dernière de la pièce) figure dans deux couplets.*

Dans la seconde, a et b disparaissent et sont remplacés par e et f
— *troisième, c et d* — — *g et h*
— *quatrième, e et f* — — *i et k*
— *cinquième, g et h* — — *l et m*

Je n'ai rencontré ni en français ni en provençal de pièce d'une construction rhythmique analogue. Les coblas capcaudadas en autra maniera dichas capcoadas *ont régulièrement des rimes croisées comme le spécimen donné dans les* Leys d'amor, *I, 236* (Mayres de Dieu glorioza); *c'est du reste une forme qui se rencontre très-souvent dans la poésie provençale et qui n'est pas rare dans la française. Les trouvères l'ont empruntée aux troubadours comme la* cobla capfinida *que nous retrouvons p. ex. dans une des meilleures pièces de* Gasse Brulez (De bone amor et de loial amie).

---

[1]. Les saluts d'amour à rimes plates ne sauraient constituer une exception à cette règle. Bien qu'ils aient quelquefois une forme strophique régulière et une sorte de refrain, comme le n° V publié par M. Paul Meyer d'après le ms. f. fr. 837 dans l'appendice de son mémoire sur *le Salut d'amour* (p. 31), on ne pourrait guère leur appliquer les règles de construction rhythmique observées dans les chansons, vu qu'ils constituent un genre tout à fait à part et très-déterminé, comme l'a fort bien fait remarquer M. Meyer (*le Salut d'amour*, p. 3).

RENALS

LI CHASTELAINS DE COUCI.

Il n'y a qu'un seul chansonnier qui donne le prénom de Renals (Reignaut) au célèbre châtelain. C'est le ms. Egerton 274, conservé au Musée britannique (Voir le premier rapport de M. Paul Meyer inséré dans les Archives des Missions scientifiques et littéraires, *2ᵉ série, tome 3, à la page 293). Cependant ce témoignage ne fait que confirmer une certitude déjà acquise par le* roumans dou chastelain de Couci, *conservé dans le ms.* 15098 f. fr. *de la Bibl. imp. et publié par Crapelet en 1823, où l'on trouve au v. 68 :*

> De Couci estoit chastelains,
> Bien sai que Regnaus avoit nom.

*et par la chronique dont Fauchet rapporte un long passage (*Recueil de l'origine, etc. *p. 129-130, à la fin : « Ceste histoire est dans une boñe chronique qui m'appartient, escrite avant CC. ans »).*

Il y a deux éditions des chansons du châtelain de Couci. La première, publiée par Laborde, se trouve dans le second volume de son Essai sur la musique ancienne et moderne, *p. 260-305. Elle a été publiée séparément en deux volumes (1781 in-18) avec la dissertation de Laborde sur la vie et les chansons du châtelain* *qui figure également dans l'*Essai, *etc. L'édition de Laborde comprend vingt-trois chansons placées dans un ordre tout arbitraire, qui fut fidèlement suivi par M. Francisque Michel dans la seconde édition qu'il donna des chansons du châtelain en* 1830. *Il intercala seulement après la* 13ᵉ *(je ne sais pas trop pourquoi) la pièce :*

Au renouviau de la douçor d'esté,

attribuée au châtelain par le roumans *et admise dans le recueil de Laborde. Dans les additions et corrections ajoutées à la fin il publia encore cinq chansons tirées du ms.* 1591 *(ancien* 7613) *qu'il paraît ne pas avoir connu plus tôt. Il y a donc en tout vingt-neuf chansons qui, dans l'édition de M. Michel, forment le bagage littéraire du châtelain. Mais il faut en retrancher.*

D'abord la première pièce :

Por verdure ne por pree

attribuée au châtelain par le roman déjà cité (Ms. f. fr. 15098, *ancien suppl. fr.* 632, *fol.* 8 r) *se trouve sans nom d'auteur dans quatre des cinq chansonniers qui la reproduisent (E, F, G, M) et le cinquième, le ms. K, le plus digne de confiance pour l'attribution des pièces, la place sous le nom de* Gasse Brulé. *Nous la restituerons donc à ce trouvère.*

La deuxième chanson, qui est attribuée au châtelain dans Laborde et Michel, d'après l'autorité (peu sûre comme nous avons déjà eu occasion de le voir) des mss. E et G, est : Nouvele amor ou j'ai mis mon penser. *Deux des plus importants chansonniers (A et N) la contiennent sans nom d'auteur, un troisième généralement digne de foi (L) l'assigne à* Symons d'Autie. — *En face d'une paternité aussi douteuse, j'ai cru devoir reléguer cette pièce dans un appendice.*

La quatrième pièce, dans les éditions de Laborde et de Michel,

Mult ai esté longuement esbahis

se trouve sous le nom du châtelain dans les mêmes mss. (E et G) du second groupe, tandis que le ms. A l'attribue à Messire Willames de Viés Maxon. Le ms. K l'assigne à Gasse Brulé. Elle trouvera sa place parmi les œuvres de ce poëte.

L'attribution au châtelain de la pièce :

  Par quel forfait ne par quele ochoison

la septième dans Laborde et Michel, n'est pas beaucoup plus sûre que celle de la deuxième. Ce sont encore les mss. E et G qui l'attribuent au châtelain, tandis que A l'assigne à Gasse Brulé et que les mss. capitaux pour les attributions (K et L) la donnent à Rogier d'Andelis. Un ms. du deuxième groupe J³ plaide encore en faveur du châtelain; cependant en face de la divergence des témoignages de manuscrits plus importants j'ai cru devoir la reléguer aussi à la fin parmi les pièces douteuses.

Quant à la neuvième, qui commence :

  Moult chantasse volentiers liemant,

elle appartient certainement au châtelain dont elle porte le nom dans les mss. E, G, K, L, N, Q, malgré l'affirmation du ms. A, qui l'assigne à Gerniers d'Airches. C'est par erreur que Laborde dit (II, 322) que « cette chanson est double dans le ms. du roi » (844, l'ancien 7222, le même que nous désignons par K) où elle serait attribuée la première fois au châtelain et la seconde fois à Hugues de la Ferté. Le serventois de Hues de la Ferté (K fol. 97 r), qui se retrouve dans le ms L. f. 149 v, n'a rien de commun avec la chanson du châtelain que les deux premiers vers. C'est un usage assez répandu dans la poésie lyrique du moyen âge français que d'emprunter le début d'une pièce très-connue, comme on empruntait les rimes, la forme métrique, l'air, le refrain. Wackernagel a donc tort (Altfranz. Lieder, p. 182), s'il restreint cet usage aux troubadours. Une connaissance un peu plus étendue de la poésie lyrique des trouvères nous apprend au contraire que ces emprunts de vers entiers, avant tout pour le début d'une pièce, se faisaient plus souvent peut-être dans la poésie du Nord que dans celle du Midi. C'est avant tout à la fin du XIIIe et au commencement du XIVe siècle que cet usage devint très-commun. Le magnifique ms. de Montpellier (196 Bibl. de l'Ecole de médecine) nous en fournit de nombreux exemples ; j'en trouve aussi dans les œuvres de Guillaume de Machault où se rencontre par exemple le début d'une chanson très-connue de Thibaut de Navarre :

Qui plus aime plus endure

(Ms. des poésies de G. de Machault fonds fr. 1586 fol. 210 r).

Ce sont avant tout les auteurs de chansons pieuses qui font un fréquent usage des chansons d'amour en vogue pour embellir leurs productions, peut-être aussi pour en faciliter la vulgarisation. Jaques de Cambrai (comme j'ai eu plusieurs fois l'occasion de le dire dans les notes au chansonnier de Berne, qui a conservé seul le nom et la plus grande partie des chansons de ce poëte) n'imite que la construction rhythmique; Gautiers de Coinsy, dans les pièces lyriques qui se trouvent à la suite de ses miracles de la Vierge (dont la Bibl. imp. possède 16 mss.) va beaucoup plus loin. Pour en finir avec cette digression, je citerai un dernier exemple de cet usage qui a donné lieu à une méprise de Mætzner (Lieder, p. 270), c'est la pièce :

Puisque jou sui de l'amoureuse loi,

chanson pieuse attribuée à Wuillaumes de Bethune dans le ms. 1490 du Vatican (fol. 126 v) que Mætzner croyait être « incontestablement » (unstreitig) la même que la chanson très-connue d'Adans de la Hale, qui se trouve dans le ms. de Berne (A) fol. 181 r. Cependant en dehors du premier vers la pièce dévote, qui est du reste de tous points inférieure à la célèbre chanson d'Adans, n'a rien de commun avec celle-ci qui se retrouve dans le ms. même du Vatican au fol. 55 r. C'est de cette façon que s'expliquent les différences d'attribution que Mætzner désespérait de concilier.

Si la neuvième chanson attribuée au châtelain dans les collections de Laborde et Michel reste sa propriété incontestable, malgré la contradiction isolée d'un ms., il n'en est pas de même pour la douzième qui commence :

Quant li louseignolz jolis,

attribuée à Messires Ferris de Ferrières *par le chansonnier A, et à* Raous de Ferrières *par K et L.: elle appartient certainement à ce dernier (dont le nom est apparemment altéré dans A), malgré le témoignage de E et G, qui la donnent sous le nom du châtelain.*

La quatorzième chanson dans l'édition de M. Michel (Au renouviau de la douçor d'esté) qui, le premier, l'a admise parmi les pièces du châtelain d'après le témoignage du roumans (fonds fr. 15098, fol. 116 r), appartient sans le moindre doute à Gasse Brulez, auquel elle est attribuée par l'unanimité des cinq chansonniers qui la présentent avec un nom de poëte (A, E, F, G, K).

La seizième qui commence :

Mult m'est bele la douce commencence

se trouve sous le nom du châtelain dans les mss. A, E, G, K, L, N, Q, H. En présence de cet accord de huit manuscrits, le témoignage isolé du ms. J³, qui l'attribue au roi Thibaut, n'a aucune valeur.

De même la dix-septième chanson de l'édition de M. Michel :

Quant voi venir le bel tens et la flor

est attribuée à tort à Messire Andreus li contredis *par le ms. A; tandis que J³, K et L sont d'accord pour l'attribuer au châtelain.*

J'ai déjà restitué à Gautiers d'Espinal (v. p. 11) la chanson :

Comancemens de douce saison bele

attribuée au châtelain par les mss. E et F.

Le témoignage des mss. K et L assure au châtelain la paternité de la chanson .

7

A la douçor du tens qui raverdoie.

malgré l'attribution de A qui l'assigne à Messire Gasse *et de E et F qui la réclament pour* Blondiaus de Neele. *C'est donc à tort, selon nous, que M. Tarbé a admis cette chanson parmi les pièces de ce dernier.*

La chanson 23 *du recueil de M. Michel :*

Ay amors! com dure departie

est déjà imprimée ci-dessus parmi les pièces de Quenes de Bethune, *auquel elle est assurée par le témoignage des mss.* J³, K, L, N.

De même la chanson 24 *:*

S'onques nus homs por dure departie

ne saurait être attribuée au châtelain en présence du témoignage des mss. L, N, Q, *qui la donnent à* Messire Hugues de Bregi [1].

Parmi les pièces tirées du ms. J³, *qui se trouvent sous le nom du châtelain dans les* additions et corrections *ajoutées par M. Michel à son édition, il n'y en a aucune qui soit la propriété de ce poëte.*

La première, conservée sous une forme très-corrompue dans le ms. J³, *appartient à* Jakemon le vinier *d'après* N *(fol.* 59 r*).*

C'est à Gasse Brulez *que la seconde de ces chansons qui commence :*

Li plusor ont d'amors chanté

est attribuée par l'unanimité des autres mss. (A, E, F, K, L).

Les deux chansons suivantes :

Autre que je ne suel, faz

et :

Se j'ai esté lonc tens hors du païs

1. Laborde affirme (II, 317 et 322) que cette pièce se trouve aussi attribuée à *Hugues de Bregy*, dans le ms. du roi (K). Cette fois encore, il n'a consulté que la table; la chanson ne se trouve plus dans le corps du volume, d'où elle est enlevée avec le feuillet orné des armes de Hugues. Il est constaté par les notices de Ste Palaye (Ms. f. Moreau 1664 fol. 236 r) que le ms. était déjà mutilé du temps de Laborde. Il n'a donc pas pu y trouver une chanson qui n'y était plus.

appartiennent à Gautiers d'Argies, *bien que pour la seconde qui porte son nom dans K et L, le ms. A confirme l'opinion de J et que les mss. E et F l'attribuent à* Gasse Brulé. *Quant à la première, ce sont les mss. E, F, G, K qui la donnent à* Gautiers d'Argies *à l'encontre du seul J³.*

La pièce :

Quant la saison del dous tens s'asseüre,

la cinquième parmi celles que M. Michel attribue au châtelain dans les additions d'après le ms. J³, et qui porte le nom de Gasse Brulez *dans le chansonnier A, appartient, selon nous, au* Vidame de Chartres, *auquel elle est assignée par les mss. E, G, K, L, N.*

Après ces éliminations, des vingt-neuf chansons publiées par M. Michel sous le nom du châtelain, il n'en reste que quinze qui soient sa propriété incontestable.

Le chansonnier A, qui, comme nous avons déjà eu l'occasion de le dire, mérite généralement aussi peu de confiance pour les attributions, qu'il en mérite beaucoup pour la valeur et l'ancienneté des textes, attribue encore au châtelain la pièce :

Plux ain ke je ne souloie

M. Michel n'a pas examiné assez soigneusement la copie de ce ms. qu'il avait entre les mains (fonds Moreau 1687-89), puisqu'il dit (p. 14) qu'il n'y a qu'une seule chanson attribuée au châtelain dans le ms. de Berne, tandis qu'il y en a huit. S'il avait remarqué cette pièce avec le nom du châtelain en tête, il se serait probablement empressé de lui en faire honneur avec ce manque d'esprit de critique dont il fait preuve en lui attribuant toute chanson qui porte son nom dans n'importe quel manuscrit, sans s'inquiéter de la valeur que peuvent avoir les attributions souvent contradictoires des autres. Le témoignage décisif des mss. K et L qui s'accordent pour attribuer cette chanson à Monios *ne permet pas de mettre en doute la paternité de ce dernier.*

Une autre pièce attribuée au châtelain dans A :

Quant voi l'esteit et lou tens revenir

se rencontre encore dans quatre autres mss. sans nom d'auteur. Elle a dû être admise, en présence de cette attribution non contestée, parmi les pièces du châtelain. M. Michel ne l'a pas connue ; elle a été imprimée pour la première fois dans mon édition du grand chansonnier de Berne (Archiv, 43, p. 330). Cette chanson est de tout point digne du châtelain ; elle mérite même, selon moi, de prendre place parmi les meilleures productions de ce poëte.

L'édition de M. Michel, bien qu'elle reproduise généralement les textes les plus récents et les plus remaniés, qui présentent, comme on doit s'y attendre, moins de difficultés que les autres, n'est cependant pas exempte d'un certain nombre de contre-sens fâcheux. Je n'en signale que quelques-uns, notamment se veut si bel mentir *pour* sevent s. b. m. (VI, 42, dans Michel p. 30); j'ai amé en prudons (XIII, 15), correction des moins réussies pour pardon, qui donne un sens excellent, mais que M. M. paraît ne pas avoir compris ; enfin Si me fache, Deus aïe (IIII, 22, p. 26), où l'ignorance des particularités du dialecte picard, à ce qu'il semble, a fait commettre à M. Michel une bévue qui ne manque pas d'un certain comique.

En dehors des deux éditions des œuvres du châtelain, que j'ai signalées, et qui contiennent toutes les chansons que j'imprime ci-dessous, à l'exception du n° 14, on en trouve encore un certain nombre imprimées dans d'autres publications. La première a été publiée par M. Tarbé, Œuvres de Blondel de Neele, p. 3, la douzième par le même, Chansons de Thibault IV, p. 43, la quatrième par M. Hofmann, Altfranzœsische lyr. Ged. a. d. bern. Cod. 389, p. 30. M. Bartsch a inséré dans sa Chrestomathie de l'ancien français, col. 189-194, les chansons 8, 13, 7. La deuxième des pièces que je publie dans l'appendice a été imprimée par M. Dinaux dans ses Trouvères Artésiens, p. 454. J'ai publié dans mon édition du chansonnier de Berne toutes les pièces du châtelain qui se trouvent dans ce ms., c'est-à-dire toutes les chansons que j'imprime ci-après, à l'exception de V et VIIII.

*A défaut de toute indication spéciale, qui me pourrait autoriser
à placer les chansons dans un ordre à peu près chronologique
(comme je l'ai essayé pour celles de Quenes de Bethune), j'ai suivi
l'ordre alphabétique que j'ai dû adopter, par cette même raison,
pour le plus grand nombre des trouvères.*

I.

*A fol. 14 r (attrib. à Messires Gaisez, le 4ᵉ couplet et l'envoi
manquent) B fol. 26 r (Red. de A, sans nom d'auteur)
D grans chans XII (les coupl. 1, 2, 3, 5, sans nom d'auteur),
C¹ fol. 105 v (sans nom d'auteur) E pag. 111 et F fol. 41 (les
coupl. 1-5 attribués à Blondiaus) G fol. 149 v (les couplets 1-5
et l'envoi sans nom d'auteur) K fol. 56 r (les coupl. 1, 2, 5,
attrib. au châtel., deux vers et demi du commencement sont coupés
avec la lettre historiée d'une pièce qui se trouve sur le verso).
L fol. 158 r (les mêmes couplets que dans K, attr. au châtelain)
M fol. 2 v (sans nom d'auteur) a fol. 88 v (sans nom d'auteur)
f. (la 42ᵉ des chansons attribuées à Monios).*

A la dolçor d'esté qui renverdoie,
Chantent oisel et florissent vergier ;
Mais je ne sai dont resjoïr me doie,
Puisqu'a merci fail quant je plus la quier.
5 S'en chanterai senz joie et senz proier :
Car ma mort voi, ne faillir n'i porroie,
Puisqu'amors vuet que contre moi la croie.

    Deus ! qu'a amors, que toz les siens guerroie ?
Cels qu'ele puet grever et maistroier ?
10 Li bel samblant qu'en ma dame veoie,
M'ont plus grevé qu'il ne m'aient aidié.
Ele me fu cruels a l'acointier,

Or sai de voir qu'a son tort me guerroie ;
Si me covient qu'a sa volenté soie.
15 Puisqu'ensi est qu'a li ne puis contendre,
Ou vuelle ou non, servir la me covient :
Qui cuide avoir grant joie senz atendre,
Est come cil qui adés faillir crient ;
S'est si destroiz, quant secors ne li vient :
20 Mais je ne puis moi ne mon cuer deffendre
De plus amer, qu'amors ne me vuet rendre.

Grant pechié fait qui son home vuet prendre
Par bel semblant mostrer, tant qu'il le tient :
Ensi me fist ma dame a li entendre,
25 Qu'ele me fait cuidier que ce devient
Qui en veillant falt et en dormant vient ;
S'en nest l'amors et croist qui ja n'iert mendre
Dont el me fait enflanber et esprendre.

Je ne tieng pas l'amor a droit partie
30 Dont il covient morir ou trop amer :
Si me covient que chans et jue et rie,
Et faz semblant de ma joie cuidier.
Ma dame dist qu'ensi doi endurer,
Vivre esperans, en atente d'aïe,
35 Morir en puis, mais ne sai que j'en die.

Dame, bialtez, valors et cortoisie
At il en vos, il n'i a qu'amender.
Se vos ces biens tornez en vilenie
Por ochoison de vostre ami grever,
40 Molt durement en ferez a blasmer :
Car vostres sui, de vostre seignorie,
Et vostre amors me donra mort ou vie.

LI CHASTELAINS DE COUCI.

Li quens de Blois devroit bien honorer
Force d'amor qui li dona amie ;
45 Amer pot il, mais il n'en morut mie!

II.

A fol. 17 v (Chastel.; le v. 14 et l'env. manquent, le 2ᵉ et le 3ᵉ coupl. sont intervertis) B fol. 19 v (sans nom d'auteur) C¹ fol. 80 r (les coupl. 1, 2, 3, 4, 6 sans nom d'auteur) E pag. 107 (les mêmes coupl. attr. au Chastel.) G fol. 39 r (comme E) H (ce ms. perdu présentait la même rédaction que les deux chansonniers de la même famille que je viens de citer (E et G). Une copie partielle et, pour les couplets non copiés, une collation soigneusement faite par les soins du Mis de Cangé, se trouve sur les marges et sur les passages correspondants du ms. M conservé à la Bibl. imp.) J³ fol. 119 r (réd. de C, E, G, H sans nom d'auteur) K fol. 52 v (les coupl. 1, 2, 3, 4, 5, 6 attrib. au Chastel. Le premier vers est coupé avec les armoiries du châtelain qui se trouvaient sur le recto) L fol. 155 r (la même réd., attrib. au Chastel.) M fol. 4 v (la même rédaction, les deux derniers couplets sont intervertis) k fol 142 v (réd. de K, L, M, et un envoi qui diffère beaucoup de celui de B).

A vos, amant, plus qu'a nule altre gent
Est bien raisons que ma dolor complaigne,
Quant il m'estuet partir oltreement
Et dessevrer de ma dolce compaigne;
5 Et quant li pert, n'ai rien qui me remaigne
Et sache bien amors seürement
Se n'i morisse por avoir cuer dolent,
Jamais par moi n'iert meüs vers ne lais.
 Dolce dame, qu'iert ce donc et coment

10 Covendra moi qu'a la fin congié praigne ?
Oïl, par Deu, ne puet estre altrement;
Por vos m'en vois morir en terre estraigne.
Ne cuidiez mais qu'altres mals me soffraigne,
Que je n'en ai confort n'aligement,
15 Car de nule altre avoir joie n'atent
Fors que de vos, ne sai se c'iert jamais.
    Dolce dame, qu'iert il del consirrer,
Des dolz solas et de la compaignie,
Del bel semblant que me soliez mostrer
20 Quant vos m'estiez, dame, compaigne, amie ?
Et quant recort sa simple cortoisie
Et les dolz moz que solt a moi parler,
Coment me puet li cuers el cors durer
Que ne s'en part ? Certes, trop est malvais !
25   Or voi je bien qu'il m'estuet comparer
Toz les deduis qu'ai eüs en ma vie,
Deus ne m'i volt en pardon rien doner;
Ançois criem molt, cist loiers ne m'ocie.
Merci, amors, que Deus hait vilenie,
30 Que vilain font bone amor dessevrer,
Et je ne puis mon cuer de li oster,
Si me covient que je ma dame lais.
    Or seront lié li fals losengeor
Qu'avoient duel des biens qu'avoir soloie,
35 Ja pelerins ne serai a nul jor
Por ce qu'a els en bone pais resoie.
Por tant puis bien perdre tote ma voie,
Et sachent bien li felon menteor,
Se Deus voloit qu'il reüssent m'amor

40 Ne me porroit chargier plus pesant fais.
Je m'en vois, dame, a Deu le creator,
Qui soit o vos en quel liu que je soie.
Et sachiez bien, niant iert del retor,
Aventure est que jamais vos revoie,
45 Por Deu vos pri qu'en quel liu que je soie,
Que mes covens tiegniez, viegne ou demor;
Et je pri Deu qu'ensi me doinst honor,
Com je vos ai esté amis verais.

De moie part di, chançons, si t'en croie,
50 Que sols m'en vois, que n'ai altre seignor :
Et bien sachiez, dame de grant valor,
Se je revieng, que por vos servir vais.

III.

C¹ fol. 66 r (sans nom d'auteur) E pag. 108 (Chastel.) G fol. 141 v (sans nom d'auteur) b fol. 62 v (sans nom d'auteur). La leçon du ms. perdu que je désigne par la lettre H et qui l'attribuait aussi au Chastelain nous est conservée par les soins du marquis de Cangé sur une des feuilles (146 v) qu'il a fait ajouter à la fin de M.

Bele dame me prie de chanter,
Si est bien drois que je face chançon;
Ne ne m'en sai ne ne puis destorner,
Car n'ai pooir de moi, se par li non.
5 Ele a mon cuer, que ja n'en quier oster,
Et sai de voir qu'il n'i trait se mal non.
Or le doinst Deus a droit port ariver,
Car il s'est mis en mer sans aviron.

Pros et sage, je ne vos os conter
10 La grant dolor que j'ai, s'en chantant non,
Et sachiez bien, plus n'en orrez parler,
Car je n'i voi nule droite raison,
J'aim mielz ensi soffrir et endurer
Ces tres dolz mals, sans avoir garison,
15 Que d'une altre quanqu'en puet demander,
Ce sachiez bien, debonaire al dolz nom.

De ceste amor qui tant me fait pener
Ne voi je pas com je puisse partir;
Car je n'i voi raison de l'eschiver,
20 Ne n'est pas drois que j'en doie joïr.
Mais fols desirs fait sovent cuer penser
En si halt liu qu'il n'i puet avenir;
Et fine amor si ne doit pas grever
Cels qui painent toz jors de li servir.

25 S'onques amis ot joie por amer,
Je sai de voir que n'i doi pas faillir;
Car riens fors moi ne poroit endurer
Les grans travals que j'ai por li servir.
A son plaisir me fait plaindre et plorer
30 Et sospirer et veillier sanz dormir;
Mais itant fu a moi reconforter
Que, nuit et jor, en plorant la remir.

Je ne m'i sai tenir ne conforter
De vo bel cuer servir entierement;
35 Et quant je plus merci vos doi crier,
Lors vos truis je cruel si durement
Que ja a moi ne ferez bel semblant,
Ains le faites altrui, por moi grever.

Mais quant vostre oil me vuelent regarder,
40 Et je remir le vostre bel cors gent,
Tant sui je hors de paine et de torment.

IIII.

A fol. 175 r *(sans nom d'auteur, les vers* 16 *et* 47 *manquent)*
M fol. 16 v *(sans nom d'auteur) N fol.* 12 v *(attr. au Chastelain, les vers* 14 *et* 47 *manquent) Q (la* 6e *parmi les pièces anonymes).*

Bien cuidai vivre sens amor
Desor en pais tot mon aé;
Mais retrait m'a a la folor
Mes cuers, dont l'avoie eschapé.
5 Empris ai greignor folie
Que li fols enfes qui crie
Por la bele estoile avoir,
Qu'il voit halt el ciel seoir.
   Coment que je m'en desespoir,
10 Bien m'a amors guerredoné
Ce que je l'ai a mon pooir
Servie senz deslealté,
Que roi m'a fait de folie.
Si se gart bien, qui s'i fie,
15 De si halt merite avoir;
Mais n'en puis mon cuer movoir.
   N'est merveille se ja m'aïr
Vers amor qui si m'a grevé.
Deus! car la puisse je tenir

20 Un sol jor a ma volenté!
El comparroit sa folie,
Si me face Deus aïe!
A morir la covendroit,
Se ma dame ne m'ooit.
25 He! frans cuers! que tant covoit,
Ne beez a ma foleté.
Bien sai, qu'en vos amer n'ai droit,
S'amors ne m'i eüst doné;
Mais d'efforcier fais folie,
30 Si com fait nés que vens guie,
Qui va la, ou il l'empoint,
Si que tote esmie et fraint.
Dame, ou nuls bien ne soffraint,
Merci! par franchise et par gré!
35 Puisqu'en vos sont tuit mal estaint
Et tuit bien vif et alumé,
Conoissiez, dont la folie
Me vient, qui me tolt la vie?
Qu'a rien n'os faire clamor,
40 S'a vos non, de ma dolor.
Chançons, ma bele folie
Me salue, et si li prie,
Que por Deu et por s'onor
N'ait ja l'us de traïtor,
45 Que bien sevent li pluisor,
Que Judas fist son seignor,
(Et Guenes l'emperaor).

V.

B fol. 8 v (sans nom d'auteur) C¹ fol. 105 v (1-3 sans nom d'auteur) E p. 381 (les couplets 1-4 sans nom d'auteur) F fol. 38 r (les coupl. 1-4 attrib. à Gaces) J³ fol. 33 (les coupl. 1-4 attrib. au Chast.) K fol. 52 (les coupl. 1-4 attrib. au Chast.; le 5ᵉ couplet a été enlevé aux ciseaux avec les armoiries du Chastelain qui se trouvaient sur le recto du feuillet) L fol. 154 v (les coupl. 1-5 attrib. au Chast.) M fol. 26 v (les coupl. 1-6 sans nom d'auteur) N fol. 15 v (les couplets 1, 2, 3, 5, 6 attrib. au Chast.)

  Coment que longe demore
  Aie faite de chanter,
  Or est bien raisons et ore
  Que m'i doie retorner,
5 Qu'amors m'a fait oblier
  L'anui qui lonc tens m'a mort,
  Et doné novel confort.
  Dame, por cui chant et deport,
   Merci !
10 Certes, dame, molt s'onore
  Qui cortois est contre tort;
  Qu'ainz de cruel al desore
  N'oi dire boen recort.
  Et ceste amors que je port
15 Me fait plus que moi amer,
  Vos, dame, doit il manbrer
  Qu'on doit en franc cuer trover
   Merci !

En perillose aventure
M'avez, amors, atorné,
Quant por vos n'a de moi cure
Cele a qui m'avez doné.
Morz me sui por vostre gré;
Mais honte i aurez, por voir,
Se ne l'en faites doloir
Tant qu'ele de moi doinst avoir
            Merci !

La merciz m'est si oscure
Que je ne la puis veoir;
Mais tant desir sa faiture
Et sa maniere savoir,
Que bien cuiz a mien espoir
Qu'entre pitié et bialté
Sont por moi desassemblé,
Quant en vos, dame, n'ai trové
            Merci !

Granz pechiez est et granz poine
D'amor servir faintement,
Si com la false gent vaine
Qui font samblant sanz talent
Ahi, Deus ! por quoi les consenz
Qu'il sevent si bel mentir ?
Et je, qui mielz aim morir,
N'ai qu'un mot que tant desir :
            Merci !

Molt fait l'amors que vilaine
Qui comence por faillir,
Car plus que morz est grevaine,

Quant il la covient guerpir.
50 Mielz ne puet ele traïr
Celui, ou ele se prent,
Quel fait roi et puis niant.
Amors, por ce qu'a vos me rent,
Merci!
55 Dame, sachiez senz mentir
Que vos aim je solement
Ne ne losenge altre gent
Ne d'altre guerredon n'atent.
Merci!

VI.

A fol. 72 v (sans nom d'auteur) B fol. 39 v (les couplets 1, 3, 4 sans nom d'auteur) K fol. 56 r (les coupl. 1, 2, 3 attrib. au Chastelain) *L fol. 158 v (réd. de K, attrib. au* Chastelain).

En aventure comens
Ma daerraine chançon;
Si ne sui liez ne dolens,
Ne sai se vif ou non,
5 Ou se j'ai tort ou raison,
Ou se j'ain ou s'est noians.
Mais itels est mes talens,
Que sens nule repentance
Pens a la millor de France.
10 Et li tres dolz pensemens
De sa tresclere façon
Me fait renovelement
De tote joie sens nom.

Mais tant me quierent felon,
15 Losengier et males gens,
Qu'ensi me vient en porpens
Que por mal ne por grevance
Ne sauront ma mesestance.
    Ains n'amai por repentir,
20 Ne ja ne le quier savoir ;
Ains ai mis en li servir
Cuer et cors, force et pooir.
Et s'ele me fait doloir,
Bien le me porra merir;
25 Qu'ele a pooir d'acomplir
Mon voloir tote ma vie,
Ma tres dolce chiere amie!
    Deus! se je l'ain et desir!
Dont n'ai je droit? Oïl voir,
30 Que sens estre a son plaisir
Ne me porroit riens valoir.
Mais tant dot l'apercevoir,
Que mi oil ont tel desir
D'esgarder, que por morir
35 Cel qui les a en baillie,
Ne s'en torneroient il mie.

VII.

A fol. 135 *r* (Chastel.) *E p.* 99 (Chastel.) *G fol.* 33 *v* (*les coupl.* 1 *et* 2, *attrib. au* Chastel.) *H* (*copié et collationné par de Cangé dans le ms. M*) *K fol.* 54 *v* (Chastel.) *L fol.* 157 *r* (Chastel.) *M fol.* 74 *v* (*les couplets* 1, 5, 2 *sans nom d'auteur*) *N fol.* 13 *r* (Chastel.) *Q* (*la première des chansons du Kastellains*) *h fol.* 108 *v* (Messire Reignaut, Castellain de Couchy).

La dolce vois del roisignor salvage,
Qu'oi nuit et jor cointoier et tentir,
Me radolcist mon cuer et rasoage;
Lors ai talent que chant por resbaldir.
5 Bien doi chanter puisqu'il vient a plaisir
Celi qui j'ai de mon cuer fait homage;
Si doi avoir grant joie en mon corage,
S'ele me vuet a son oes retenir.
Onques vers li n'oi fals cuer ne volage,
10 Si m'en devroit por tant mielz avenir;
Ains l'ain et serf et aor par usage,
Si ne li os mon penser descovrir.
Car sa bialtez me fait si esbahir
Que je ne sai devant li nul langage,
15 Ne resgarder n'os son simple visage :
Tant en redot mes eus a departir.
Tant ai en li ferm assis mon corage
Qu'aillors ne pens et Deus m'en doinst joïr,
Qu'onques Tristans, cil qui but le bevrage,
20 Si coralment n'ama sens repentir.
Que g'i met tot, cuer et cors et desir,
Sen et savoir, ne sai se fais folage,
Encor me dot qu'en trestot mon eage
Ne puisse assez li et s'amor servir.
25 Je ne di pas que je face folage,
Ni se por li me devoie morir,

8

Qu'el mont ne truis tant bele ne si sage,
Ne nule riens n'est tant a mon plaisir.
Molt ain mes eus qui me firent choisir;
30 Lors que la vi, li laissai en ostage
Mon cuer qui puis i a fait lonc estage,
Ne jamais jor ne l'en quier departir.

   Chançon, va t'en por faire mon message
La, ou je n'os trestorner ne guenchir,
35 Que tant redot la male gent ombrage
Qui devinent ains que puist avenir
Les biens d'amor; Deus les puist maleïr!
Qu'a maint amant ont fait ire et oltrage.
Mais de c'ai je toz jors mal avantage,
40 Qu'il les m'estuet sor mon gré obeïr.

VIII.

A fol. 125 *v* (*les couplets* 1-4 *sous le nom de* Muse an borse[1])
B fol. 38 *r* (*les coupl.* 1-4 *sans nom d'auteur*) *C*[1] *fol.* 75 *r*
(1, 2, 3, 5, 4 *sans nom d'auteur*) *E pag.* 95 (*les couplets* 1-5,
dont les deux derniers sont intervertis, attr. au Chast.) *G fol.* 30 *v*
(*comme E*) *J*[3] *fol.* 129 *v* (*sans nom d'auteur*) *K fol.* 53 *v*
(*attrib. au* Chastelains) *L fol.* 155 *v* (*id.*) *M fol.* 73 *v* (*sans
nom d'auteur*) *N fol.* 13 *v* (*le* 3° *et le* 4° *coupl. sont intervertis;
attrib. au* Chastel.) *Q* (*la deuxième parmi les pièces du* Kastellains) *b fol* 62 *v* (*la réd. de E, sans nom d'auteur*) *k.* (*la cin-*

---

[1]. Ce nom a presque l'air d'être un sobriquet; je suis cependant tenté de le regarder plutôt comme une corruption qui serait déjà vieille, parce que le scribe qui a ajouté les rubriques après coup dans A l'a répétée deux fois sans changer d'orthographe.

quième des chansons insérées dans le récit et attribuées au Chastelain) l fol. 73 (*le premier couplet seulement, sans nom d'auteur*).

Li novels tens et mais et violete
Et roisignors me semont de chanter,
Et mes fins cuers me fait d'une amorete
Si dolz present, que nel doi refuser.
5 Or me laist Deus en tel honor monter,
Que cele ou j'ai mon cuer et mon penser
Tiegne une nuit entre mes braz nuete,
    Ains que j'aille oltre mer!

Al comencier fu si franche et dolcete,
10 Que ne cuidai por li mal endurer;
Ses simples vis et sa dolce bochete
Et si bel oil vair et riant et cler,
M'orent ains pris que ne m'i soi doner.
Or ne me vuet retenir n'aquiter :
15 Mielz ain faillir a li, se me promete,
    Qu'a nule altre achiever.

De mil sospirs qu'ele a de moi par dete
Ne me vuet ele un sol quite clamer.
Sa false amors ne vuet que s'entremete
20 De moi laissier dormir ne reposer
S'ele m'ocist, s'aura mains a garder.
Je ne m'en sai vengier fors qu'al plorer;
Car qui amors destraint et desirete,
    Ne s'en sait ou clamer.

25 Deus! si mar fu de mes eus esgardée

La dolce riens qui false amie a nom,
Ele me rist, et je l'ai tant plorée,
Si dolcement ne fu traïs nuls hom !
Tant com fui miens, ne me fist se bien non ;
30 Mais or sui siens, si m'ocist senz raison :
Et por itant, que de cuer l'ai amée,
    N'i sai altre ochoison.

Sor tote joie est cele coronée
Que j'aim d'amor, Deus ! i faldrai je donc !
35 Oïl, par Deu ! tels est ma destinée,
Et tel destin me donent li felon !
Si sevent bien qu'il font grant mesprison,
Car qui ce tolt dont ne puet faire don,
Il en conquiert anemis et mellée,
40   N'i fait se perdre non !

Si coiement est ma dolors celée,
Qu'a mon semblant ne la reconoist on ;
Se ne fussent la gent maleürée,
N'eüsse pas sospiré en pardon ;
45 Amors m'eüst doné son guerredon ;
Mais en cel point, que dui avoir mon don,
Lors fu l'amors descoverte et mostrée !
    Ja n'aient il pardon !

VIIII.

B fol. 24 r (attr. au Chastelains de Coci, une des deux chansons qui portent un nom d'auteur dans ce ms.) C¹ fol. 77 r (1, 2, 4 sans nom d'auteur) E p. 100 *(attrib. au* Chastelain; *les couplets 3 et 4 sont intervertis) G fol.* 34 r *(même attribution et ordre des coupl.) K fol.* 54 r *(id.) L fol.* 156 r *(id.) M fol.* 74 r *(sans nom d'auteur, le même ordre des coupl. que E, G, K, L); une seconde fois fol.* 78 v *(sans nom d'auteur, le* 4ᵉ *coupl. manque).*

Lors quant rose ne fuelle
Ne flor ne voi paroir,
Ne n'oi chanter par bruelle
Oisels al main n'al soir,
5 Alors florist mes cuers en son voloir
En bone amor qui m'a en son pooir,
Dont ja ne quier issir,
Et s'il est riens qui m'en doie partir,
Ja nel quier savoir ne ja nel vuelle.

10 Bien est droiz que m'en duelle,
Quant ma dolor desir
Et s'aim plus que ne suelle
Ce dont ne puis joïr,
Et bien conois que n'i puis avenir,
15 S'amors ne vaint raison, i doi faillir,
Ce sai je bien de voir;
Por Deu! amors, faites en nonchaloir
Mettre raison, tant qu'ele m'i recuelle.

Par mainte foiz m'essaie
20 Amors et fait pensant
Et sovent me rapaie
Et done cuer joiant;
Ensi me fait vivre mesleement

D'ire et de joie, ne sai s'ele a talant
25   Que me voille essaier
Ainçois le fait, espoir, por moi irier,
Por esprover, se por mal recroiroie.

    Dame, nuls mals que j'aie,
    Ne me puet aligier,
30   Ne vivre ne querroie
    Senz vos un jor entier.
En vos amer ai mis mon desirrier;
    Mielz vuel morir qu'al siecle anuier,
    Ne n'estre morz vivanz;
35 Ja Damedeus ne me doint vivre tant
Qu'al siecle anui, s'aurai amor veraie.

    Mainte longue semaine
    Trai, quant sui loing de li
    Et faillant a grant peine;
40   Sovent les en maldi,
La, ou je pens et que je desir si
De recevoir cele, dont pas n'obli
    Les moz ne les semblanz,
Ainz la recort et desire sovent
45 Et mi delit la, ou plus m'est lointaine.

X.

A fol. 146 r (Chastel.) B fol. 42 r (la même réd. sans nom d'auteur, le v. 47 manque) C¹ fol. 78 r (les coup. 1-5 sans nom d'auteur) E pag. 104 (Chastel.) G fol. 37 r (Chastel.) J³ fol. 122

LI CHASTELAINS DE COUCI.

r *(les coupl. 1-5 sans nom d'auteur)* K *fol.* 53 r *(les coupl.* 1, 2, 4, 3 *attrib. au* Chastel.) L *fol.* 155 r *(la même réd. attr. au* Chastel.) M *fol.* 82 r *(les couplets* 1, 2, 6, 4, 3, *sans nom d'auteur)* N *fol.* 15 r *(les coupl.* 1, 2, 6, 4, 3 *attr. au* Chastel.)[1] Q *(la quatrième des chansons du* Kastellains) h *fol.* 111 r *(li castellains de Couchy).*

Merci clamans de mon fol erremant,
Ferai la fin de mes chançons oïr :
Car traï m'a et mort a esciant
Mes jolis cuers que je doi tant haïr,
5 Maint mal m'a fait par le gré d'altre gent.
Parti se sont de moi joie et talent;
Et quant joie me falt, bien est raisons
Qu'avec ma joie faillent mes chançons.

Or il est bien lius et tens et saisons
10 Qu'a toz les biens del mont doie faillir
Car porquis l'ai, moie en iert l'ochoisons,
Et qui mal quiert, il doit bien mal soffrir.
Deus doinst que mors en soit mes guerredons,
Ains que de moi face liez les felons!
15 Et por mon pis vivrai et por veoir
Ma bele perte, et por plus mal avoir.

A toz amanz pri qu'il dient le voir
Liquels doit mielz d'amor par droit joïr :
Ou cil qui aime de cuer a son pooir,
20 Et ne s'en sait mie tres bien covrir,
Ou cil qui fait semblant por decevoir,

---

1. Les copistes de K L M N, qui ont changé l'ordre des couplets, ne se sont apparemment pas aperçus que ce sont des *coblas capcaudadas.*

Et bien s'en sait covrir par son savoir ?
Dites, amant, qui valt mielz par raison
Leals folie ou sage traïson ?
25 Se de forfait ot onques nuls pardon,
Bien me devroit amors boen liu tenir :
Car je forfis en bone entention,
Et si cuidai, biens m'en deüst venir.
Mais ma dame ne me vuet se mal non :
30 Por ce si het et moi et ma chançon ;
Et quant mi mal li sont dolz et plaisant,
Por li me hé, et m'en faz malvoillant.

Hé! franche riens por cui je muir amans,
Faites en vos amor plus bel fenir.
35 Sor tote rien est ce la miels vaillans
Et nonporquant, si puis je bien mentir.
Car fins d'amor ne puet estre avenans,
Se mors nes part, por ce morai soffrans,
Et chanterai sens joie et sens finer,
40 Que nuls ne doit a fin d'amor penser.

De poi me sert qui me vuet conforter
D'altrui amer; mielz l'en valdroit taisir;
Car je ne puis pas en mon cuer trover
Que ja de li tornasse mon desir.
45 Siens sui, coment que me doie grever,
Et se s'amors me fait plus comparer,
Les mals que j'ai et la dolor que sent :
Tot li pardoins en mon definement;
Et quant mon cors li tol, mon cuer li rent.

XI.

A fol. 149 r (attribuée à Gerniers d'Airches) *B fol.* 5 *r (sans nom d'auteur) C*[1] *fol.* 79 *r (les coupl.* 1, 3, 4, 5 *sans nom d'auteur) E p.* 105 *(Chastel., l'envoi manque) G fol.* 37 *v (Chastelain, l'env. manque) K fol.* 52 *r (Chastel.) L fol.* 154 *r (Chastel.) M fol.* 62 *r (sans nom d'auteur) N fol.* 12 *r (Chastel., l'envoi manque) Q (la cinquième parmi les pièces anonymes) f (la troisième des pièces attribuées à* Monios).

Molt chantasse volentiers liement,
Se j'en trovasse en mon cuer l'ochoison;
Mais je ne sai dire, se je ne ment,
Qu'aie d'amor nule rien se mal non.
5 Por ce n'en puis faire lie chançon
Qu'amors le me desensaigne,
Qui vuet que j'aim et ne vuet que j'ataigne!
Ensi me tient amors en desespoir,
Que ne m'ocist ne ne lait joie avoir.

10 Je ne doi pas amor trop mal voloir
S'a la millor del monde mon cuer rent;
Qu'onques bialtez ne fist si son pooir
D'estre en nului si amerosement,
Com ele a fait en son tres bel cors gent,
15 N'a riens qui a bialté ne taigne.
Ne cuit qu'en li nule façon soffraigne
Fors qu'un petit li messiet, ce m'est vis,
Ce qu'envers moi tient ses eus trop eschis.

Quant je regart son debonaire vis,
20 Et je la proi por bel respons avoir,

N'est merveille s'en l'esgart m'esbahis,
Car je conois ma mort et sai de voir.
Puisque mercis ne m'i puet rien valoir,
Ne sai ou boen confort preigne,
25 Car ses orguels m'ocist et li mahaigne
Hé! franche riens cruels, tant mar vos vi,
Quant por ma mort nasquistes senz merci!

Deus! que ferai, partirai moi de li,
Ains que s'amors me par ait tot ocis?
30 Nenil voir, las! ains m'estuet estre ensi,
Qu'amors me tient a sa volenté pris,
Qui a mon cuer en li por morir mis.
Ne jamais tant ne li taigne.
Se ceste amors m'ocist, bien l'en covaigne,
35 Mielz ain morir ensi en boen consir,
Que vivre iriez et a ma mort haïr.

Puisque mes cuers ne s'en vuet revenir
De vos, dame, por cui il m'a guerpi,
Almosne aurez, sel doigniez retenir,
40 Car s'il revient, a moi a il failli.
Por vostre honor et por Deu vos en pri,
Que de li pitiez vos praigne!
Qu'il n'afiert pas a vos que nuls s'en plaigne,
Qu'el monde n'a si cruel traïson
45 Com bel samblant et corage felon!

Amors, quoi qu'il m'en avaigne,
Ma dame merci, de ce qu'ele me daigne
Tenir a sien : ne ja de sa prison
Ne quier issir, se mors ou amez non.

XII.

A fol. 147 r (Chastel.) B fol. 1 r (sans nom d'auteur) C¹ fol. 75 v (les coupl. 1-3 et l'envoi, sans nom d'auteur) E p. 96 et G f. 31 (les coupl. 1-4 et l'env., attr. au Chastelains) Le ms. H (Clairembaut), que le marquis de Cangé a collationné dans M, contenait la même rédaction que les mss. E et G J³ fol. 37 v (1, 2, 3, 5, 4 attrib. au roy de Navarre) K fol. 54 r (1, 2, 3, 5, 4 et env., attr. au Chastelains) L fol. 156 v (même ordre des coupl., attrib. au Chastelain) M fol. 82 r (même ordre des coupl., sans nom d'auteur) N fol. 14 r (1, 2, 3, 5, 4, attrib. au Chastel.) Q (la troisième parmi les chansons du Kastellain) b fol. 63 r (la rédaction de E, G et H sans nom d'auteur).

Molt m'est bele la dolce comencence
Del novel tans a l'entrer de Pascor,
Que bois et pré sont de mainte semblance
Vert et vermeil; covert d'erbe et de flor.
5 Et je sui, las! de ce en tel balance,
  Qu'a mains jointes aor
Ma bele mort ou ma halte richor,
Ne sai lequel, s'en ai joie et paor,
Si que sovent chant la, ou del cuer plor;
10 Que lons respis m'esmaie et m'escheance.

Ja de mon cuer n'istra mais l'acointance
Dont m'a conquis as moz plains de dolçor
Cele qui j'ai toz jors en remenbrence,
Si que mes cuers ne sert d'altre labor.
15 Hé! franche riens, en qui j'ai ma fiance,
  Merci por vostre honor!

Car s'en vos truis le semblant menteor,
Mort m'auriez a loi de traïtor;
Si en valdroit noient vostre valor,
20 S'ensi m'aviez ocis sens defiance.

Deus ! com m'a mort de debonaire lance,
S'ensi me fait morir de tel dolor !
De ses bels euz me vint senz defiance
Ferir al cuer qu'ains n'i ot altre estor.
25 Molt volentiers en pranroie vengeance,
  Par Deu le creator !
Si que mil fois la peüsse le jor
Ferir al cuer ausi de tel savor,
Ne ja, certes, n'en feïsse clamor,
30 Se j'eüsse de moi vengier poissance.

Hé ! franche riens, puisqu'en vostre manaie
Me sui toz mis, trop me secorrez lent :
Car dons n'est pas cortois qui trop delaie;
Si s'en esmaie icil qui s'i atant,
35 Qu'uns petiz biens valt mielz, se Deus me voie,
  Qu'on fait cortoisement,
Que cent grignor fait anuiosement.
Car qui le sien done retraianment
Son gré i pert et si coste alsiment,
40 Com il feroit al point que bien l'emploie.

Je ne di pas, dame, que je recroie
De vos amer, se mors nel me deffent;
Mais fine amors tient mon cuer et maistroie,

LI CHASTELAINS DE COUCI.

Qui tot se done a vos entierement,
45 Si n'ai pooir, dame, que je le r'aie,
Si m'avient il sovent
Que trespensis me trais entre la gent
El dolz desir et el dolz pensement
Et en la joie que je de vos atent,
50 Se ce n'iere, ja parler n'en querroie.

Chançons, va t'en la, ou mes cuers t'envoie,
(Ne l'os dire altrement)
La troveras, se mes sens ne me ment,
Cors sens merci, graille, lonc, blanc et gent,
55 Simple et bele, de dolz acoentement,
Cler vis riant o la bialté veraie.

XIII.

A fol. 205 v (les couplets 1-4 sans nom d'auteur) B fol. 45 v (la rédaction de A sans nom d'auteur) J³ fol. 34 v (attribuée au Chastel., rédaction très-différente) K fol. 55 v (attribuée au Chastel., la même rédaction) L fol. 158 r (comme J³ et K) k fol. 51 r (les trois premiers couplets, leçon très-corrompue).

Quant li estez et la dolce saisons
Fait fuelle et flor et les prez renverdir,
Et li dolz chans des menus oisillons
Fait les pluisors de joie sovenir,
5 Las! chascuns chante, et je plor et sospir,
Mais ce n'est pas droiture ne raisons,
Car c'est adés tote m'ententions,
Dame, de vos honorer et servir.

Qui tot auroit le sens qu'ot Salemons,
10 Cil feroit bien amor por fol tenir ;
Tant par est male et cruels sa prisons :
Bien le me fait comparer et sentir.
Or me devroit respasser et garir
Et enseignier quels est ma garisons,
15 Que j'ai servi longuement en pardon
Et servirai adés sens repentir.

Dolce dame, mais quels est l'ochoisons
Dont me faites de tel dolor languir ?
Je sai de voir, vos creez les felons,
20 Les losengiers, que Deus puist maleïr!
Tot lor pooir ont mis en moi traïr;
Mais ne lor valt lor mortels traïsons,
Car en la fin iert boens mes guerredons
Quant vos saurez que je ne sai mentir.

25 Onques ne soi envers amor falser,
Ne ja Deus cuer ne m'en doinst ne talent!
Ains pens toz jors a ma dame honorer,
Et faire adés tot son comandement.
Car je sai bien, se bels servirs ne ment,
30 Ou mes fins cuers qui bien me puet grever,
Toz les desduis qu'on puet avoir d'amer
Aura mes cuers qui adés s'i atent.

Se vos daigniez ma proiere escoter,
Dolce dame, je vos proi et demant
35 Que vos pensez de moi guerredoner,
Je penserai de bien servir avant.
De toz les mals que j'ai ne m'est noiant,
Dolce dame, se me volez amer :

En poi de tans poez guerredoner
40 Les biens d'amor que j'ai atendus tant.

XIIII.

*A fol. 205 r (li Chastelain de Cousi ; la 5ᵉ strophe manque)
B fol. 48 v (même rédaction sans nom d'auteur) E pag. 390,
F fol. 179, M fol. 114 v (les couplets 1 et 5, sans nom d'auteur).*

Quant voi esté   et le tens revenir
Que bois et pré   comencent a verdir,
Se j'ai amé,   bien m'en doit sovenir.
Trop m'ont grevé   cil qui m'ont fait guerpir.
5 La riens fors Deu   que plus aim et desir.
   Deus, si vair oil, si vair oil
   Me font amer cent tens que ne suel !

Tant m'ont mené   del tot a lor plaisir ;
Contre mon gré   me firent revenir ;
10 Tant m'ont duré   li plor et li sospir.
Si m'ont hasté   que nel puis mais soffrir
Que sor mon gré   me firent revertir.
   Deus, si m'en duel, si m'en duel
   Quant perdu ai la rien que je plus vuel !

15 Je ne puis mais   longuement endurer
Ceste dolor   qu'amors me fait porter :
Ne mes fins cuers   ne porroit oblier
Son bel cors gent   ne son vis frés et cler.

Las! tant me font   et veillier et penser!
20 Deus, si vair oil, si vair oil
Me font amer cent tens plus que ne suel!

El mont n'a riens   qui me puist conforter
Por ce que doi   en France demorer;
Ne je n'i puis   longuement sejorner
25 Qu'il ne m'estuet   ou morir ou r'aler
Savoir, se Deus   m'i lairoit recovrer.
Deus, tant la vuel, tant la vuel
Por son solaz et por son bel acuel!

Cil qui d'amer   n'orent onques talent
30 Ne sevent pas   l'angoisse que je sent
Que je sui cil   par le mien esciant
Qu'amors fist ja   plus lié et plus joiant.
Helas! chaitis,   com or le me revent!
Deus, tant la vuel, tant la vuel,
35 Por son solaz et por son bel acuel!

XV.

A fol. 196 *v* (*attribuée à* Andreus li contredis, *le couplet* 4 *manque*) B *fol.* 10 *v* (*le coupl.* 4 *manque, sans nom d'auteur*) K *fol.* 55 *r* (Chastel.) L *fol.* 157 *v* (Chastel.).

Quant voi venir le dolz tens et la flor,
Que l'erbe vert s'espant aval la prée,
Lors me sovient de ma dolce dolor
Et del dolz liu, ou mes cuers sovent bée.
5 S'ai tant de joie et tant ai de dolçor,

Que je jamais n'en partirai nul jor;
Et quant je sui plus loins de sa contrée,
Lors est mes cuers plus pres de sa pensée.
  Il n'en est riens dont je soie en tristor,
10 Quant me menbre de ce qu'ele est senée,
Et si sai bien que je fais grant folor :
Par mainte fois l'aurai dure trovée,
Mais bels semblans me retient en vigor.
S'emploierai molt bien la grant amor,
15 Dont je l'ai tant dedans mon cuer amée,
Se lealtez m'i puet avoir durée.
  Deus! si mar vi les bels euz de son vis,
Par quoi mes cuers se mist en acointance
De ceste amor dont si tost sui empris.
20 Se devers li ne vient ma delivrance,
Dolcement sui engigniez et conquis;
Et, s'il li plaist, longuement serai pris.
Nel di por ce qu'en soie en repentance :
De repentir ne me doinst Deus poissance!
25   Dame, merci, se je sui fins amis;
N'esprovez pas sor moi vostre vengance :
Car vostres sui et serai a toz dis,
N'en requerrai por mal ne por grevance.
Et se je sui de vostre amor espris,
30 Dolce dame, ne m'en doit estre pis;
Et se por vos ai et paine et pesance,
Ne me doit pas pas trop torner a grevance.
  Bels sire Deus, coment porai avoir
Ceste merci que tant aurai requise?
35 Ja nel deust ne soffrir ne voloir

La dolce riens qui tant est bien aprise :
Puis qu'ele m'a del tot a son voloir,
Que me feïst si longuement doloir ?
S'ele seüst, com s'amors me jostise,
40 Ja ne falsist, pitiez ne l'en fust prise.

XVI.

*A fol. 241 v (Chastel.) E pag. 103 (id.) C¹ fol. 78 r
(les coupl. 1, 2, 3, 5 sans nom d'auteur) G fol. 36 r (Chastel.)
H (copie exécutée par les soins du marquis de Cangé dans des
feuilles de parchemin ajoutées à la fin de M, fol. 146 v).*

Tant ne me sai dementer ne complaindre
Que puisse avoir de ma dolor solas,
Ne de mon cuer ne puis la flame estaindre,
Dont tant de fois me claim chaitif et las.
5 Cele m'ocist vers qui ne me sai faindre :
Ainz sui adés en poine et en porchas
Se ja porrai jusqu'a s'amor ataindre.

Tant fais por li grevaine penitance.
Que toz jors sui en poine et en sospir;
10 Et si set bien que je l'aim senz dotance,
Tant com li plaist; me puet faire languir.
Ja par altrui n'i aurai delivrance,
Se n'est par li que tant aim et desir
Que tot i met mon cuer et m'esperance.

15 Adés amors me semont et atise
De li amer, mais n'i truis fors dongier.
Et si l'aim tant de fin cuer senz faintise
Que ne me puis tenir de li proier.

Ne sai se ja l'aurai a moi conquise;
20 Et nonporquant ce me fait rehaitier,
Que eave qui chiet ront bien la piere bise.

Dame, mar vi le cler vis et la face
Ou rose et lis florissent chascun jor.
Tant m'esbahis que ne sai que je face
25 Quant je remir vostre fresche color
Et vostre front qui plus est cler que glace.
Dame, merci! car a trop grant dolor
Muir et languis; vostre pitiez le sace.

Vainque pitiez, dolce dame, et droiture
30 Ne me laissiez morir en tel torment,
Tant par vos truis vers moi salvage et dure
Que m'ocirez, s'il vos vient a talent.
D'a vos penser ne puis faire mesure,
Dame, merci, trop me secorrez lent :
35 Si me merveil, coment vos cuers l'endure.

APPENDICE.

I.

A fol. 164 r *(sans nom d'auteur, le* 5^e *coupl. et l'env. manquent)* C¹ *fol.* 76 v *(*1, 2, 3 *sans nom d'auteur)* E *pag.* 98 *(les couplets* 1-5 *attrib. au Chastel.)* G *fol.* 32 v *(attrib. au Chastelain, les deux derniers vers du* 4e *et le* 5e *coupl. manquent)* H *(les coupl.* 1-5 *attrib. au Chastel. et transcrits par les soins du marquis de Cangé sur le fol.* 146 r *du ms.* M*)* L *fol.* 38 r

(attrib. à Symons d'Autie) *N fol.* 135 *r (sans nom d'auteur)*
b fol. 61 *v (sans nom d'auteur).*

Novele amors ou j'ai mis mon penser
Me fait chanter de la plus debonaire
Qu'on puist el mont ne veoir ne trover;
Si m'en semont mes cuers de joie faire.
5 Et quant j'ai mis en li m'entention,
Dont ne doi je chanter, se de li non;
Tuit mi penser sont a ma dolce amie,
Puisque je sai mon cuer en sa baillie.

Et quant mes cuers s'est mis en li amer,
10 Je ne m'en puis mie tres bien retraire ;
Ains me covient otroier et graer
Les volentez de mon cuer, sans defaire.
Et se je truis la bele o le dolz nom,
Plaine d'orguel, sans nisun guerredon,
15 Donques ai je tote joie en haïe :
Mais, se Deu plaist, ce ne m'avendra mie.

Se j'en trais mal, je n'en sai qui blasmer,
Fors ses dolz euz et son simple viaire
Dont mi oil sont traï en esgarder,
20 Mais n'i voient rien qu'i face a desplaire
N'en cors, n'en bras, n'en boche, n'en menton,
Fors sol itant qu'ele ne me fait don
De li amer por alongier ma vie :
S'ele le fait, ce sera cortoisie.

25   Dolce dame, je ne vos os rover
Ce dont amors ne me rueve pas taire;
Mais se vostre oil, ou on se puet mirer

Qui tant sont cler, ne m'i sont deputaire,
Vos poez bien veoir a ma façon
30 Et a mes dis que je n'aim se vos non,
Et que mes cuers al vostre s'umilie
Qui de tote sa dolor vos mercie.

De la dolor vos doi je mercier,
Et des pensers que vos m'i faites traire;
35 Qu'ausi com vos les me poez doner,
Quant vos plaira, les me porrez retraire.
Et quant je sai en vos ma garison,
Se je vos aim, il i a bien raison ;
Mais quant j'aurai de vos haïr envie,
40 Ja puis honor n'aie jor de ma vie !

Dolce dame, debonaire prison
Avez doné mon fin cuer qui vos prie,
Que vostres soit, sans point de vilonie.

II.

A fol. 181 *v (attribuée à* Messire Gasse) *B fol.* 41 *v (les couplets 1-4 sans nom d'auteur)* C[1] *fol.* 77 *v (les coupl.* 1, 2, 4 *de la rédaction du ms. A et un quatrième*[1] *qui appartient exclusivement aux mss. du* 2⁴ *groupe; sans nom d'auteur) E pag.* 101, *G fol.* 34 *v,* J[3] *fol.* 47 *et le ms. H (collationné par de Cangé dans* M) *présentent cette même rédaction et attribuent la chanson au*

---

1. Je rejette ce couplet à la fin parce que je le regarde comme non authentique pour deux raisons : 1° ni les mss. du premier ni ceux du troisième groupe ne le contiennent; 2° ses rimes ne s'accordent pas avec la disposition des rimes et la construction rhythmique adoptées dans les autres couplets. — On peut dire en général que les textes ont subi beaucoup de remaniements dans les mss. du deuxième groupe.

Châtelain. *K fol.* 170 *v et L fol.* 41 *r* (*les couplets* 1-5 *attrib. à* Rogiers d'Andelis) *f* (*la* 44ᵉ *parmi les pièces attrib. à* Monios).

Par quel forfait ne par quel ochoison
M'avez, amors, si de vos esloignié
Que de vos n'ai confort ne guerredon,
Ne je ne truis qui de moi ait pitié?
5 Malement ai mon servise emploié,
Qu'onques de vos ne me vint se mals non.
N'encor, amors, ne vos ai reprochié
Mon servise, mais ore m'en plaing gié
Et di que mort m'avez sens ochoison.
10 Bien deüssiez, amors, garder raison
De moi grever, qui servi et proié
Vos ai lonc tens en bone entention;
N'onques encor ne me feïstes lié.
A tort m'avez si sens merci laissié,
15 Quant depar vos ne me vient se mals non.
Merci, amors, preigne vos en pitiez;
Ne me laissiez ensi desconseillié
Que ma dame ne me get de prison.
    Dolce dame, cui drois mostre et valors,
20 Que vos amez vostre leal ami,
Alegiez moi, s'il vos plaist, mes dolors,
Car je sui cil qui mielz vos a servi.
De vos atent guerredon et merci,
Que ma joie ne puet venir d'aillors;
25 Et, se g'i fail, mors sui et mar vos vi!
— J'ai dit que fols, ains m'en tieng por gari,
Mais trop vient lent, dame, vostre secors.

Nel tenez pas, dolce dame, a folor
Se je vos aim et serf et dot et pri.
30 Tant servirai, vostre en sera l'onors
Quant vos m'aurez mon servise meri.
De vos amer me dot et faz hardi :
Qu'en amors a hardement et paor.
Ne tot ne cel mon cuer, ne tot nel di
35 Mais, se je rien par paor i obli,
Vainque pitiés, dolce dame, et amors.

Se fins amans destroiz et angoissos
Doit joie avoir por servir lealment,
Donc doi je bien par droit estre joios,
40 Car je sui cil qui plus en a torment.
Et si vos ain, dame, tant bonement
Que por altre ne puis estre ameros,
Et mes chançons fais por vos solement,
N'onques un jor ne chantai faintement :
45 Si me doinst Deus, dame, joïr de vos.

Ma dame aim, plus que rien qui soit el mont,
Mais losengier ne m'en laissent joïr
Qui tot adés a li vienent et vont,
Et dist del tot chascuns a son plaisir.
50 Mais par raison ne me pueent nuisir,
Se Deus joie m'en doinst ne guerredon.
Quant o li sui, de parfont si sospir,
Et quant m'en part, ni a que del morir;
Si dolcement me destrant et confont!

Je donne le quatrième couplet de la réduction des mss. du
deuxième groupe d'après G.

Fineront ja, douce suer, mes dolors —
Las! dolereus, qui si m'ont mal bailli! —
Mès, se clamer mi voulés vostre ami,
Come auroit ci tres glorieus secors!
5 Mès vo voloir trop targe a ma merci,
Et quant m'aurés mortelment deguerpi
Ja n'i croistra vos los ne vos honors;
Et fins amans destrois et angoisos[1]
Doit joie avoir par jugement d'amors.

1. C'est ici que M. Michel a fait la découverte du mot *angloisos* qui figure dans son texte (p. 38) et dans son glossaire (p. 129). Il y a bien *angloisos* dans le texte, mais avec un point sous l'*l* qui paraît avoir échappé aux connaissances paléographiques de cet éditeur.

BLONDELS DE NEELE.

M. Tarbé a donné une édition des chansons de Blondels *en* 1862. *Cette édition ne le cède en rien aux autres publications de M. T. C'est la même absence de critique, de méthode, de tout travail consciencieux; le même manque de l'érudition philologique nécessaire. Aussi, l'opinion n'étant plus à se former sur les travaux de M. T., je ne croirais même pas faire œuvre utile en relevant et réfutant les erreurs nombreuses qu'on rencontre à chaque page de cette publication. J'ai donc cru devoir me dispenser ici, ainsi que je l'ai fait le plus souvent aussi dans les autres notices où j'ai eu à nommer M. T. comme mon devancier pour la publication de quelques pièces, de toute discussion de ses assertions*[1].

En dehors de cette édition complète, un certain nombre de chansons a encore été imprimé isolément. D'abord la pièce
           Cuer desirous apaie

---

1. Je me réserve cependant de signaler dans la notice sur les œuvres du roi Richard certaines erreurs des plus grotesques qui défigurent le chapitre consacré à ce trouvère dans le volume de M. Tarbé. Ces erreurs sont par trop caractéristiques à un double point de vue pour ne pas les noter en passant au moins. M. Tarbé a copié certaines assertions erronées de M. Le Roux de Lincy sans nommer ce dernier et sans contrôler l'exactitude de ses assertions; par contre il a entrepris de corriger la traduction donnée par cet érudit du second serventois du roi. Sa traduction revue et corrigée après celle de M. Le Roux est un vrai chef-d'œuvre à tout point de vue, comme on le verra plus loin.

a été publiée d'après le ms. N par M. Keller (Romvart, *p.* 293), *puis par MM. Mætzner* (Altfranzœsische Lieder, *p.* 51) *et Bartsch* (Chrestomathie de l'anc. fr., col. 187). *J'ai imprimé, dans mon édition du chansonnier de Berne* (Archiv, 41, 42, 43), *les numéros* 1, 4, 7, 8, 11, 12, 15, 16, 17, 19, 20, 22, 24.

Parmi les chansons attribuées à Blondels *dans les différents mss. il y a un certain nombre que j'ai cru ne pas devoir admettre au rang de ses poésies.*

C'est d'abord la pièce

A la douçor du tens qui raverdoie

que j'ai déjà rendue au Châtelain de Coucy et imprimée en tête de ses poésies. A l'encontre, la chanson

A l'entrant d'esté que li tens s'agence

ne saurait, selon moi, être contestée à Blondels *dont elle porte le nom dans les mss. F, K, L, N, bien que le ms. A l'attribue à* Gaises *et* J³ *à* Monnios.

La pièce

Bien s'est amors trichie

est assignée à Blondels *par le seul ms. A. Ici l'accord de deux chansonniers du deuxième groupe, qui ne prouverait rien contre le témoignage des mss. du troisième groupe, doit peser dans la balance plus que l'affirmation du scribe qui a ajouté après coup les attributions dans le ms. A. La chanson est réclamée pour* Robert de Rains *dans G et F, pour* la chievre de Rains *dans E. Le copiste qui a exécuté les mss. E et F se trouve donc une fois de plus en contradiction avec lui-même. Nous ne sommes pas embarrassé pour choisir entre ces deux attributions. C'est celle qui est confirmée par le scribe de G qui nous paraît la mieux fondée. Le petit ms. G, avec son apparence de* ms. de jongleur, *est, parmi les mss. du deuxième groupe, celui qui mérite encore le plus de foi pour les attributions, comme il est celui qui se distingue de la plupart des autres par la pureté du langage, malgré les nombreux* bourdons du scribe.

Le chansonnier A ne mérite pas plus de foi pour l'attribution à Guios de Digon *de la pièce*

Cuer desirous apaie

que les mss. K, L, N *assignent à* Blondels *et que j'ai admise d'après leur témoignage parmi les chansons de ce poëte. Tel est aussi le cas pour la chanson*

S'amors vuet que mes chans remaigne

attribuée à Blondels *par* J³, K, L *contre* A *qui l'assigne à* Messires Gaises.

En revanche la chanson

Remembrance d'amors me fait chanter

dont A *enrichit* Blondels, *paraît appartenir avec plus de droit à* Maistre Willames li Viniers, *auquel elle est attribuée par le ms.* N. *Elle lui était aussi attribuée dans le ms. perdu de Ste Palaye, si nous en croyons Laborde (Essai etc., II, 343). Aussi la table de* K *la porte sous le nom de* Willames : *dans le corps du vol. elle ne se rencontre pas. Nous avons trop souvent insisté sur l'inexactitude de cette table pour lui attribuer un poids quelconque pour l'attribution d'une pièce qui, comme celle qui nous occupe, n'est pas conservée dans le ms. même, sans qu'on puisse constater une lacune. Mais le témoignage de* N, *confirmé par celui du ms. de Ste Palaye (si toutefois on veut l'admettre), suffit déjà pour attribuer la chanson à* Willames.

De même la chanson

Tant ai d'amors qu'en chantant m'estuet plaindre

ne me paraît pas appartenir à Blondels *en présence du témoignage des mss.* E, F, G *qui l'attribuent au* Vidame de Chartres, *et de la table de* N *qui l'attribue à* Raoul de Soissons, *tandis qu'elle se trouve sans nom d'auteur dans le corps de ce ms. Dans des cas douteux, ce n'est jamais le ms.* A *qui doit décider de l'attribution d'une pièce :*

Quant à la pièce

Rose ne lis ne me donent talent

l'attribution n'est pas moins douteuse à cause du désaccord qui existe entre les mss. du troisième groupe, dont le principal, K, l'assigne à Blondels, tandis que L l'attribue à Chardons de Croisilles *dont elle porte aussi le nom dans A. Les mss. E, F, G la présentent sans nom d'auteur; il est cependant bon à noter que dans les deux derniers mss. elle précède immédiatement une pièce assurée à* Chardons (Mar vit raison qui covoite trop haut).

La pièce: Cil qui toz les maus essaie, *attribuée à* Blondels *par F, G, appartient à* Gasses *d'après le témoignage de K, L; c'est à ce même poëte que revient (d'après K) la pièce*: Dame merci, se j'aim trop hautement, *faussement attribuée à* Blondels *par le ms J³*.

C'est encore à Gasses *que la pièce* Tant de solas come j'ai por chanter *doit être rendue. Bien qu'une version incomplète de cette chanson soit attribuée à* Blondels *par le ms. K (f. 144 r), elle se retrouve dans ce même ms. une seconde fois (fol. 32 v), avec le 5ᵉ couplet et l'envoi qui manquent à l'autre version, parmi les pièces de* Gasses, *dont elle porte aussi le nom dans A, E, F, G. Elle était, d'après le témoignage du marquis de Cangé, la vingt-deuxième pièce de* Gasses *dans le ms. H qui est actuellement perdu (Voy. M fol. 2 r).*

I.

A fol. 13 v (les coupl. 1-4 attrib. à Messires Gaisez) *B fol. 111 v (les coupl. 1 et 2 sans nom d'auteur) C¹ fol. 115 v (les deux premiers couplets de A, puis trois autres qui sont propres aux mss. du deuxième groupe et que j'ajoute à la fin; sans nom d'auteur) E pag. 120 et F fol. 46 r (la réd. de C¹, sans nom d'auteur) J³ fol. 28 v (attrib. à* Monnios; *le 5ᵉ coupl. manque) K fol. 141 r L fol. 90 r M fol. 7 v (le 5ᵉ coupl. manque;*

sans nom d'auteur) *N fol. 89 v (les vers 43-45 manquent et le
3ᵉ et le 4ᵉ coupl. sont intervertis).*

A l'entrant d'esté, que li tens s'agence,
Que j'oï ces oisels sor la flor tentir,
Sospris sui d'amor, dont mes cuers balance :
Deus m'en doinst joïr tot a mon plaisir !
5 Ou altrement crien morir sans dotance ;
Car je n'ai fors li altre sostenance :
Amors est la riens que je plus desir.

N'est pas drois d'amor que les biens en sence,
Cil qui les dolz mals n'en vuet sostenir.
10 Chargiez les mes a en ma penitence
La tres dolce riens, que je tant desir :
Toz les mals d'un an par une semblance
M'assouagera, par sa grant vaillance,
Cele qui me fait parler et taisir.

15 Deus ! je l'aim je tant de cuer, sanz faintise,
Aura ja de moi merci fine amors ?
Donc auroie je bien ma poine assise,
Mais trop m'i demore et joie et secors.
Ains mais nuls amis, en tel atendance,
20 N'atendi d'amor la reconoissance,
Come fait cist, las ! qui vit a dolor.

Un altre home en fust pieça la mort prise,
S'il amast ensi, com je fais toz jors.
Car onques n'en poi par mon bel servise
25 Avoir tel semblant, si com j'ai d'aillors.
Ja en bel semblant n'aurai mais fiance :
Quant je celi pert, ou j'ai m'atendance,

Asseüré m'a del morir la flors !
Mon cuer doi haïr, s'il onques la prie
30 Cuidiez vos, li mals d'amer ne m'anuit?
Nenil, par ma foi, j'ai dit grant folie;
Ja n'en quier avoir nul altre deduit.
Tant com li plaira, serai rois de France ;
Car en tot le mont n'a de sa vaillance
35 Dame ne pucele, mais que trop me fuit !
 Je chant et respont de ma dolce amie;
Et a li penser me confort la nuit.
Deus ! verrai je ja le jor qu'ele die :
— Amis, je vos aim ! naie voir, je cuit.
40 Amors me sostient, ou j'ai esperance,
Et ce que je sai qu'ele est bele et blanche :
Ne m'en partirai, s'or m'avoit destruit.
 Nuls ne doit amor servir en dotance,
Car a chascun rent selon sa vaillance :
45 Blondel a de mort a vie aconduit.

Voici les trois couplets qui sont propres aux mss. C¹, E, F, H (du second groupe). Il est permis de croire que le refaiseur avait sous les yeux un texte incomplet de notre chanson qui se composait (comme la leçon de B) de deux couplets seulement. Il s'est exercé, dans les trois couplets de sa façon qu'il a ajoutés, à employer exclusivement les rimes de ces deux couplets : recherche métrique qui n'a pas précisément contribué à augmenter la variété et la richesse de ses expressions poétiques et qui lui a fait employer une rime fausse (v. 7).

F fol. 46 v.

 Et quant je remir sa simple senblance,
Lores me convient palir et fremir.

Quant sa grant biauté ai en remenbrance,
Veillier me convient, quant je doi dormir.
5 Bien doi prendre en gré iceste grevance ;
Car a la plus bele a mes cuers baance,
Et a la meilleur que nus puist voïr. (sic)
Certes, qui porroit avoir s'acointance
Vis m'est que jamés ne devroit morir.
10 Gel voudroie melz qu'estre rois de France ;
Qu'a richece avoir puet on bien venir.
Cil qui a assez or a sa voillance,
Et dont a touz jors au cuer mesestance,
Pou li vaut avoir grant a maintenir.
15 Dame, se je n'ai par vous alejance,
Ma vie convient temprement fenir.
Je n'auroie au cuer ire n'enconbrance,
Se je a vostre amour povoie venir.
Mes trop sui, je croi, plains d'outrecuidance :
20 Car a tel avoir li miens cuers se lance,
La, ou touz li monz devroit bien faillir.

II.

K fol. 142 r L fol. 91 r.

A l'entrée de la saison
Qu'ivers falt et laist le geler,
Que la flors naist lez le buisson,
Bien la doit cueillir et porter
5 Qui amez est sanz compaignon ;
Mais cil a molt mal guerredon,
Qui aime et bien n'i puet trover.
Por moi le di, en ma chançon
Le puet l'en oïr al chanter,

10 Que cele a molt le cuer felon,
Qui tant me fait a li penser
Et bien set que sui en prison :
S'or ne me met a garison,
Nule altre ne m'en puet jeter.
15 Dame, quele est vo volentez ?
Morra por vos si bons amis ?
Toz jors vos sera reprovez,
Se je sui en ceste fin pris,
S'ensi me muir et desamez.
20 Se millor conseil n'en prendez,
Je morrai, car vos m'avez pris.
Ja n'iere mais reconfortez
Par nule altre, ce m'est avis ;
S'a cest grant besoig me falez,
25 Que ne soie amez ne joïs,
Et se vos merci n'en avez,
Por Deu ! ja nel me racontez !
Mielz aim ensi vivre toz dis.
Gasses, tel compaignon avez :
30 Blondels a tels bien encontrez
Com false riens li a pramis.

III.

K fol. 142 r   L fol. 91 r.

Ains que la fuelle descende
Des arbres sor la ramée,
Dirai, ne sai que j'atende,

Coment amors s'est provée,
Vers moi, qui tant l'ai amée.
Et bel m'est, coment qu'il prende,
Que si bele mort aprende.
   Bone amors, qui que la vende,
Ne puet mie estre achatée;
Mais poi en voit on soz bende
Color tainte ne muée.
Ma dame est si colorée,
Poi la voit hom, n'en esprende
Et qui a li ne se rende.
   Qui si dolce amor seone,
De grant joie se dessoivre :
Mais nuls ne s'i abandone
Qui poist a sa boche boivre,
Mais s'ele ne m'i aboivre
Par amor et guerredone,
Martyrs serai sanz corone.
   Mais ne sai coment la truise,
Quant tant prodome refuse
S'amor, qu'ele m'i conduise.
Se ses dolz regars m'encuse
Et force et proiere a use,
Deus doint, qu'ele m'i conduise,
Ançois qu'ele me destruise !
   De ses proians sui menuise :
Mais n'est drois que ce me nuise.

IIII.

A fol. 27 r B fol. 11 v (sans nom d'auteur) C¹ fol. 106 r et 115 r (sans nom d'auteur; la première fois les coupl. 1, 2, 5 et 2 vers du 4e, la seconde fois les coupl. 1, 2, 5, 4, 6). E p. 112 v, F fol. 41, G fol. 40 r (les coupl. 1, 2, 5, 4, 6) J³ fol. 125 v (les coupl. 1, 2, 5, sans nom d'auteur) K fol. 139 r L fol. 88 v N fol. 89 r f (la 2e des pièces attr. à Monios).

Bien doit chanter, qui fine amors adrece
De joie avoir : mais pas ne m'en semont ;
N'en moi ne truis ne joie ne liece,
Por quoi je chant, ne ne sauroie donc.
5 Et nonporquant, se li mals ne despont
Qu'entre ma dame et fine amor me font,
Bien cuit morir, que ja ne le sauront,
Se par mon chant ne sevent ma destrece
Ou par mon vis, dont la colors defont.

10 Ne me retient faintise ne perece
Que ma dame ne m'ait navré parfont
D'un dolz resgart, dont la plaie me blece,
Qu'ele m'a fait des bels euz de son front.
N'en puis garir, se meie ne me sont
15 A l'aïe de son cuer, qui confont
Moi et le mien, que plus l'aim en cest mont,
Qu'estre rois de la gringnor haltece.
Se Deus me doinst joie ne guerredon.

Ja por dolor, que j'aie, n'iert jus mise
20 Ma volentez d'amer veraiement ;
Et sachiez bien que de loins l'ai emprise ;

N'onques por ce n'amai mains finement.
Bien sai de voir que faillir a sa gent
Ne doit amors, se droiture ne ment :
25 Mais plus d'onor en done a un qu'a cent,
Et je sui cil qui plus grief s'en jostise
Sel faz alques par mon comencement.

Ja tels dolors ne poroit estre assise
En cors dont cuers amast plus finement ;
30 De tel liu m'est envoiée et tramise
Dont je n'os pas refuser le torment.
Bien fait amors de moi a son talent,
Et esperance et ma dame alsiment
Qui me destraignent entr'eles malement ;
35 Mais je ne sai s'il auront covoitise
De moi doner nul asouagement.

Molt fu l'amors coragose et hardie,
Qui en mon cors vint mon cuer asaillir.
Bien sai de voir qu'ele n'i venist mie,
40 S'ele cuidast qu'ele i deüst faillir.
Mais tant conut volenté et desir
Qui de mon cuer ne se porent partir ;
D'un dolz regart fist verge a moi ferir.
Deus ! mar la vi de ses bels euz coillie
45 Se ma dame nel fist por moi sentir !

Por qui j'ai moi et tote gent guerpie,
Bien me deüst a son oes retenir,
Qu'il n'en est mals, dolors ne n'altre envie
Qui me peüst veoir de li partir.
50 Por tant poroie a grant bien avenir,
S'ele voloit, mais nel vuet consentir,

Et s'amors vuet ses biens a droit partir,
Mais sa pitiez est en li endormie,
Si ne me vuet ocirre ne garir.

V.

*C¹ fol. 108 r (sans nom d'auteur) E p. 117 F fol. 44 r
G fol. 43 r.*

Chanter m'estuet, car joie ai recovrée,
Qui me soloit fuir et esloignier;
Ire et dolor ai maint jor conparée :
Bien est mes tens que la doie laissier.
5 Car la bele que lonc tens ai amée,
Qui de s'amor me soloit defier,
Novelement s'est a moi acordée.
Or me voldra doner et otroier
Sa fine amor, que tant ai desirée,
10 Qui me faisoit jor penser, nuit veillier.

Hé ! Deus d'amor, com as grant seignorie,
Qui les amans pues ocirre et salver !
L'un dones mort, as altres dones vie,
L'un fais languir, l'altre rire et joer.
15 Tu m'as ocis : or m'as rendu la vie,
Sor tote rien te doi je aorer;
Car de cele qui estoit m'anemie
M'as fait ami, dont molt te doi amer.
Or chanterai de toi tote ma vie :
20 Si te voldrai servir et honorer !

Ha ! dolce riens, en qui j'ai ma fiance,

Por Deu! vos pri, que ne m'entrobliez.
Puisqu'ensi est, qu'amors par sa puissance
Am .II. nos cuers a ensemble liez,
25 Por Deu! aiez le mien en remenbrance!
Car li vostres est en mon cuer fichiez,
Qui me donra confort et sostenance.
Desoremais ere joians et liez;
Et prierai que Deus, par sa puissance,
30 Nos gart toz jors sains et salz et hetiez.

VI.

C¹ fol. 107 v (sans nom d'auteur) E p. 116, F fol. 43 et G fol. 42 r (le couplet 6 et l'envoi manquent) J³ fol. 52 r (les coupl. 1-5 et l'envoi) K fol. 138 v L fol. 88 r M fol. 27 v (les couplets 1 et 2 sans nom d'auteur) O fol. 8 v (sans nom d'auteur).

Coment que d'amor me duelle,
Bien est drois que de li chant
Et que je ma dolor muelle,
Quant cele me fait semblant
5 Qu'a son home me recuelle.
En dolcement decevant
D'euz et de boche riant
Me vait plus qu'ele ne suelle.
Ce me fait estre joiant
10 Et en ma joie dotant.
 Mais je criem qu'altres ne cuelle
Ce dont je me vois hastant;
Mais n'est drois qu'altrui acuelle :

Car nuls hons ne l'aime tant.
15 Las! amors, puisqu'el s'orguelle
Ne quiert pas leal amant!
Ains chiet en desesperant,
Altresi com fait la fuelle,
La ou vens la vait menant :
20 Ce me fait estre pensant.
  Mes voloirs ne ma pensée
Ne me sert d'altrui a gré ;
Ne nule tant ne m'agrée,
S'amors m'en laist estre amé.
25 Por moi grever la fist née,
Et por li amer moi né.
Avoir me cuide engané,
Mais plus m'a joie donée
Que li meïsmes doné
30 Et ma dame plus bialté.
  Dolcement fu comparée
L'amors ou j'ai tant pensé.
Bien doi amer ma pensée,
Quel mal qu'en aie enduré.
35 Se ma dame desirée
Eüst moi tant desiré,
Com j'ai li, ce m'a grevé,
Ne se fust pas consirrée
De ce dont m'ai consirré :
40 Mais tot li soit pardoné.
  Sa bialtez m'est anemie,
Qu'ainc en dame tant n'en vi ;
C'est ce qui plus me detrie

A avoir l'amor de li.
45 Se fine amors ne l'en prie,
Qui de moi a fait ami,
En dolz espoir m'a trahi.
Mais ja por ce n'iert haïe
De moi, qui la desir si,
50 Qu'en mon desirrier m'oci.
  Bien en doit faire m'amie
L'amors, ou j'ai tant servi.
Qu'onques nul jor de ma vie
Certes, ne m'en repenti,
55 N'encor ne m'en faig je mie
Por tant cuit avoir merci,
Se lealtez, ou m'afi,
Valoit mielz de tricherie.
Bien doi avoir desservi
60 Ce, dont je ma dame pri.
  Se Blondels i a menti,
Ja cele voir ne li die.
Por qui amor il soffri
La dolor que je vos di.

VII.

A fol. 46 r *(attribuée à* Guios de Digons*) B fol.* 134 v *et* 171 v *(sans nom d'auteur; la première fois les coupl.* 2, 1, 3, *la seconde fois les coupl.* 1, 3, 4, 6) *K fol.* 138 v *(ordre des coupl.* 1, 2, 4, 3, 6, 5) *L fol.* 88 r *(même ordre) N fol.* 88 r *(les coupl.* 1, 2, 4, 3, 6) *O fol.* 10 bis *v (sans nom d'auteur.*

Cuer desirros apaie
Dolçors et confors :
Par joie d'amor vraie
Sui en baisant mors.
5 S'encor ne m'est altres donez,
Mar fui onques de li privez!
A morir sui livrez,
S'ele trop me delaie.

Premiers baisiers est plaie
10 D'amor dedens cors,
Molt m'angoisse et esmaie,
Se ne pert defors.
Helas! por quoi m'en sui vantez!
Ja ne me puet venir santez,
15 Se ce, dont sui navrez,
Ma boche ne rassaie.

Amors, vos m'apreïstes
Jone a cest mestier.
Ains nului n'i volsistes
20 Fors moi engignier.
A morir m'i avez apris,
Se plus n'i pren que j'i ai pris :
Donc m'est il bien avis,
Qu'en baisant me traïstes.

25 Amors, vos me feïstes
Mon fin cuer trichier,
Quant tel savor meïstes

En son dolz baisier.
Je sui li plus leals amis,
30 Cui onques fust nuls biens promis!
Helas! tant ai je pis!
Amors, mar me norristes!

Se de fals cuer proiasse,
Dont je ne la pri,
35 Espoir je recovrasse;
Mais m'est mie ensi.
Qu'ains nuls homs de gringnor voloir
Ne la servi sens joie avoir,
Com j'ai fait tot por voir
40 Sens merite et sens grace.

Se je Deu tant amasse
Com je fais celi,
Qui si me poine et lasse,
J'eüsse merci.
45 Amors, trop me faites doloir
Et si vos ser sanz decevoir :
Ce me tient en espoir
Qu'amors navre et respasse.

VIII.

A fol. 59 v (sans nom d'auteur, les vers 20-33, 42-44 et 49-53 manquent) C¹ fol. 107 r (sans nom d'auteur, les coupl. 1-3 et 4 vers du 4ᵉ) E p. 114, F fol. 42 v, G fol. 41 r (les couplets 1-4 puis un 5ᵉ que j'ajoute à la fin; attribuée à Blondiaus)

K *fol.* 143 r, L *fol.* 92 r (*attrib. à* Blondeaus, *le* 3ᵉ *et* 4ᵉ *coupl. interv., les vers* 54 *et* 55 *manquent*) M *fol.* 79 r (*réd. de* E, F, G, *sans nom d'auteur*).

D'amor dont sui espris,
M'efforce de chanter :
Sel fais com hons pensis,
Qui nel puet amender
5 Et s'i ai tant conquis
Que bien me puis vanter —
Vuelle ou non — j'ai apris
Lealment a amer.
En li sont mi penser
10 Et seront a toz dis :
Ja nes en quier oster.

Remenbrence d'un vis
Frés et vermeil et cler,
A mon cuer si sospris
15 Que ne m'en puis torner;
Et se j'ai le mal quis,
Bien le doi endurer.
Or ai je trop mespris,
Ains le doi molt amer.
20 Coment que jel comper,
N'i a riens, ce m'est vis,
Fors de merci trover.

Lonc travail sans esploit
M'eüst mort et traï.
25 Mais mes cuers atendoit
Ce por qu'il a servi.

Se por li l'ai destroit,
De bon gré l'en merci.
Je sai bien que j'ai droit,
30 Qu'ainc si bele ne vi;
Entre mon cuer et li
Avons fait si a droit,
Qu'ainc de rien n'en failli.
Deus! porquoi m'ocirroit
35 Qu'onques nel desservi?
Se ja joians en soit
Mes cuers, dont je la pri!
Je l'aim tant et covoit,
Que je cuit tot de fi
40 Que chascuns, qui la voit
La doie amer ausi.
Qu'est ce, Deus! que je di?
Non feroit, ne porroit,
Nuls ne l'ameroit si.
45 Se pitiez ne l'en prent,
Je cuit par estovoir,
M'ocira finement,
Ce doi je bien savoir.
Amé ai lealment,
50 Ce m'i doit bien valoir,
S'eürs de grever gent
N'eüst si grant pooir.
Des grans mals m'a fait oir
Dont Tristans soffri tant :
55 D'amer sens decevoir.

Le 5ᵉ couplet des mss. du second groupe, qui se trouve également dans un ms. du troisième (M)[1], ne me paraît pas être l'œuvre de Blondels. Il ne saurait remplacer le 5ᵉ de K et L qui se trouve également dans A, le témoignage de ces trois mss. importants pesant dans la balance plus que celui des mss. du second groupe. Il ne saurait non plus trouver sa place à la suite de ce couplet parce qu'il n'a pas les mêmes rimes. Dans une chanson de six couplets, Blondels aurait très-certainement fait rimer le 6ᵉ avec le 5ᵉ comme il fait rimer le 4ᵉ avec le 3ᵉ, le 2ᵉ avec le 1ᵉʳ. Dans les chansons des trouvères, les constructions rhythmiques, pour être renfermées dans des bornes moins étroites que celles consacrées par les troubadours, n'en étaient pas moins rigoureusement observées. Ces constructions rhythmiques, qui, en effet, ne sont pas toujours faciles à dégager, surtout dans des pièces qui ont subi plusieurs remaniements successifs, présentent un moyen de critique très-sûr. Bien qu'il ne soit guère employé par les éditeurs d'anciennes chansons françaises, c'est à ce moyen qu'on devra avoir recours en premier ordre pour reconnaître la forme vraie et originale d'un grand nombre de pièces lyriques à travers les remaniements successifs qu'elles ont eu à subir. L'occasion s'est déjà présentée, et elle se présentera encore bien souvent, de montrer combien ces remaniements ont été considérables, avant tout dans les mss. du deuxième groupe.

Je pourrais peut-être alléguer encore, pour appuyer mon opinion, le style ampoulé de ce 5ᵉ couplet de E, F, G, M, de même que la multiplicité des comparaisons historiques et mythologiques qui s'y trouvent. Mais cet instrument de critique, même dans les mains des Lachmann, prête trop à l'arbitraire pour s'en servir autrement que quand les arguments plus sûrs font absolument défaut. L'absence de ce couplet dans les meilleurs mss., l'impossibilité de le mettre

---

1. J'ai déjà fait remarquer ci-dessus (p. 6) que ce ms., bien que dérivant pour la plus grande partie de la même source que les autres mss. du troisième groupe, offre aussi beaucoup d'analogies avec le deuxième.

en accord pour les rimes avec les couplets donnés par ces mss. (si on voulait l'ajouter à la suite de ceux-ci), sont, selon moi, des motifs assez bons pour le rejeter comme non authentique. Du reste le voici (d'après F fol. 42 v) :

> Plus bele ne vit nus,
> Ne de cors ne de vis :
> Nature ne vit (*lisez* mist) plus
> De biauté en nul pris.
> Pour li maintendrai l'us
> D'Eneas et Paris,
> Tristan et Piramus
> Qui amerent jadis :
> Et serai ses amis.
> Or pri Dieu de lassus,
> Qu'a leur fin soie pris.

VIIII.

K fol. 142 v *L fol.* 91 v.

De la plus dolce amor
Me covient a chanter;
Qui jamais a nul jor
Puisse joie doner :
5 Tant ai dolce dolor
Por ma leal amie,
Qui ja n'iert desservie.
Si proi Deu et aor
Qu'ele m'aint sans falser,
10 Car mes cuers l'en afie.

Sens et pris et valor
Bialté, bonte, vis cler
A ma dame et honor,
Ce me fait ramembrer
15 La joie et la dolor,
Por quoi l'ai tant servie;
Si n'en partirai mie
Por altre dame amer,
Qu'el monde n'a millor.
20 Ce me fait desirrer
Sa dolce compaignie.

Tote ma joie maint
En amer lealment;
Et ceste amors destraint
25 Mon cuer tant dolcement,
Que mes cors ne s'en plaint,
Tant en ait dur martire.
Se por amer empire,
Gent guerredon atent;
30 Car nuls hom qui bien aint
Ne puet avoir torment
Que plor ne valent rire.

Dame, qui que se plaint
De vostre encombrement,
35 Endroit moi ne remaint
L'amors, qui si m'esprent.
Dolcement me destraint,
Por ce n'en sai que dire,
Si n'en os escondire
40 Vostre comandement.

Amors proi que m'ensaint
A faire vo talent,
Que vers moi n'aiez ire.
    Dites moi, que ce doit
45 Que tant me mescreez!
Que cist miens cuers ne soit
Altre que vos donez,
Certes, il nel feroit
Por chose qui soit née!
50 Se de vos ert sevrée
Ma dolce volentez,
Bien sai qu'il s'ocirroit.
Por Deu! n'i mespensez,
N'estes pas enganée.
55   Ja amors ne m'otroit
Que de vos soie amez,
S'a tort ne me mescroit
Li cuers que vos avez.
Deçus soit, qui deçoit
60 Ce qu'a son cuer agrée.
Plus estes desirrée :
Je ne sai se j'ai droit
Ja tant ne m'amerez,
Plus ne soiez amée.

X.

K fol. 140 *r, L fol.* 89 *r (les v.* 31 *et* 32 *manquent).*

En toz tens que vente bise,
Por cell, dont sui sospris,

Qui n'est pas de moi sosprise,
Devient mes cuers noirs et bis.
5 De fine amor l'ai requise
Qui cuer et cors m'a espris,
Et s'ele n'en est esprise,
Por mon grant mal la requis.
Mais la dolors me devise
10 Qu'a la millor me sui pris,
Qui ainc fust en cest mont prise,
Se j'estoie a son devis!
Tort a mes cuers, qui s'en prise;
Car ne sui pas si eslis,
15 S'ele eslit, qu'ele m'eslise :
Trop seroie de halt pris.
Et nonporquant destinée
Done a la gent maint pensé.
Tost i metra sa pensée,
20 S'amors li a destiné.
Je vi ja tel dame amée
D'ome de bas parenté,
Qui mielz ert emparentée,
Et si l'avoit bien amé.
25 Por c'est drois, s'amors magrée,
Que mon cuer li ai doné;
Se s'amor ne m'a donée,
Tant la servirai a gré,
S'il plaist a la desirée,
30 Qu'un dolz baisier a celé
Aurai de li a celée,
Que je tant ai desiré.

XI.

A fol. 105 v C¹ fol. 107 v (les couplets 1-3 sans nom d'auteur) D fol. 144 r (sans nom d'auteur) E pag. 115, F fol. 43 v, G fol. 41 v (1-3) J³ fol. 130 (les vers 53-56 manquent) K fol. 140 v L fol. 90 r (les vers 11 et 12 manquent) O fol. 10 (sans nom d'auteur).

J'aim par costume et par us
La, ou je ne puis ataindre,
Et chant com amis et drus
Qui d'amor ne se sait faindre.
5 S'en ai molt de mals eüs :
Mais ne m'en doi mie plaindre
Por si dolz fais mettre jus :
Ja Deus ne me laist enfraindre
Un sol jor de bien amer!
10   N'est pas drois que je refus
La dolor, qui me fait taindre.
Ma dame est dolce, augue et fus,
Por moi esprendre ou estaindre.
Mais ce ne fist onques nus
15 Premiers dorer et puis paindre.
A premier fui bien venus :
De tant est ma dolors graindre,
Que truis apres dolz amer!
   L'ire par qui m'est falus
20 Dolz semblans, n'a pas falsée
Ma volenté, ains aim plus
Ma dame envers moi irée.

Se s'amors n'i fait vertus
Que sor moi s'est esprovée,
25 Ja ses pris n'en ert creüs.
Ains li sera reprovée
Ma lealtez sens falser.
    Ma dame, a qui sui rendus,
A ma joie emprisonnée
30 Et li dolz semblant repus,
Dont ele m'a mort donée,
Se d'amer sui mescreüs.
Qu'ai je dit ? Fole pensée !
Se j'estoie rois ou dus,
35 Se fust de moi si amée,
N'i devroit ele penser ?
    Tant est de moi al dessus
Que je crien que ne m'ocie;
Si ne sui ramenteüs
40 D'amor, qui parage oblie.
Bien m'iert li semblans rendus
Et la dolce compaignie,
Dont criem estre deceüs.
Mais esperance m'afie
45 Tot adés de recovrer.
    Chascun jor sui assalus
D'amor, qui m'a en baillie,
Soie merci, deffendus
Vers li ne me sui je mie.
50 Bien en doie estre creüs;
Car je l'aim sans tricherie.
Si soie je chier tenus

De ma dame, qu'ai servie
Lonc tens sens guerredoner.
55 Et quant li plaira, merie
Iert la poine, et retenus
Blondels, qui amor deffie,
S'ami nel daigne clamer.

XII.

A fol. 125 *r* *B f.* 95 *r* (sans nom d'auteur, ordre des couplets : 1, 2, 5, 6, 3, 4) *C¹ fol.* 109 *r* (les couplets 1, 2, 5, sans nom d'auteur) *E pag.* 114, *F fol.* 44 (les coupl. 1, 2, 5) *G fol.* 44 *r* (les coupl. 1, 2, 5, 6) *J⁵ fol.* 54 *v* *K fol.* 137 *v* *L fol* 87 *r* *N fol.* 88 *v* (1-5) *h fol.* 113 *v* (les coupl. 2, 5, 1, 4) *O fol.* 10 *v* (sans nom d'auteur *T fol.* 239 *v* (sans nom d'auteur)[1].

Li plus se plaint d'amor, mais je n'os dire
Qu'onques nul jor me volsist engingnier;
Mais mes voloirs m'aide a desconfire,
Si nel doi pas ma dame reprochier.
5 Ains vuel proier que m'aliet mon martyre;
Car je l'aim tant lealment sens trichier,
Que j'en morrai se m'en oi escondire.
Deus! je fui ja de si grant joie sire,
Quant sa bialté la me fist acointier.
10 Or trais por li poine et travail et ire;

---

1. Voy. Coussemaker, *l'Art harmonique aux XII⁰ et XIII⁰ siècles*, p. 251, et la lettre de M. Théodore Nisard (Théodule Normand) dans les *Archives des missions scientifiques et littéraires*, 1⁰ série, II, 1851, p. 339.

Mais nonporquant, trop i a dolz mestier.
Forment l'ai chier, mais li cors m'en empire.
Deus! qu'ai je dit! n'en puis pas empirier,
S'ele voloit de mes mals estre mire.
15 Deus! je ne sai coment ma joie eslise,
Puisque s'amors me fait partot doloir.
Car je l'ain tant lealment, sens faintise
Si come cil, qui ne set decevoir;
Gringnor pooir doit avoir vers franchise
20 Ma lealté que proier sens voloir,
S'amors est tels com chascuns la devise,

Amors, de moi vos est il pitiez prise
Que tant vos ai servi en boen espoir?
Bien deüssiez ma dame avoir aprise
25 Ceste dolor que me faites avoir.
Altrement voir n'iert ja par moi requise,
Amors, se vos ne li faites savoir,
Ja ne verrai la fin de mon servise.

Je ne serf pas a mois ne a semaine,
30 Mais tot adés, se li venoit en gré,
Si come cil qui amors trait et maine
A son plaisir et a sa volenté.
Trop longement ai soffert ceste paine
Et ce que j'ai de leal cuer amé.
35 Pres sui de li; mais s'amors m'est lontaine!

Puisque je fui siens liges en demaine,
En ai mon cuer mainte fois mercié,
Ce qu'ele fut ma joie premerainé,
Je ne di pas que n'aie conparé
40 Sa grant bialté chascun jor par estraine :

Mais ce m'en a mainte fois conforté
Qu'onques ne fut cortoisie vilaine.

Deux manuscrits du 2ᵉ groupe, par un de ces remaniements que nous avons eu l'occasion de constater plus d'une fois, donnent deux des couplets de la chanson qu'on vient de lire avec un troisième en tête qui leur est propre. Cette nouvelle chanson figure dans ces mss. parmi les pièces de Blondels à côté de la nôtre. Ce sont les couplets 6 et 4 que le scribe qui a exécuté E et F réclame pour la nouvelle chanson dans le second de ces mss. (fol. 42 r), tandis que dans le ms. E qui, comme je viens de le dire, est également de sa main, il fait suivre ce nouveau couplet par les couplets 5 et 4 de notre chanson (p. 113). Si le scribe de E et F distribue d'une façon égale les couplets entre les deux chansons, celui de G va plus loin et donne à la nouvelle chanson qu'il nous offre sans nom d'auteur (fol. 147 r) les couplets 2, 5, 6 et 4 de la chanson de Blondels, qu'il avait transcrite plus haut (fol. 44 r) avec les couplets 1, 2, 5, 6 seulement. De même le ms. C¹ (fol. 106 v) nous présente la nouvelle chanson avec les couplets 2, 5, 6, 4, de Li plus se plaint d'amors qu'il donne cinq pages plus loin (fol. 109 r) avec les couplets 1, 2, 5. En présence de ces différences entre les mss. du 2ᵉ groupe et de l'accord qui existe entre les autres, je n'ai nullement besoin d'insister sur la fausseté de la revendication de quelques couplets de notre pièce pour une autre chanson. Cette dernière, en réalité, ne se compose que d'un seul couplet, imité, pour la forme, de ceux de Li plus se plaint.

Aussi ces derniers forment entre eux un tout métrique arrangé d'après le système que Blondels employait de préférence et qu'on ne saurait détruire pour distribuer les couplets entre deux pièces.

Du reste, voici le couplet qui est propre à C¹, F, G (d'après C¹, f. 106 v).

   De mon desir ne sai mon mious colire,
   Car adés voi ma joie delaier.

Si sui je cil, qui plus grief s'en consirre :
Mes ne m'en sai en quel leu conseillier
Merci requier, amours, de mon martire
Que nus fors li ne m'en saroit aidier,
Quant li plera, n'i convient autre mire.

XIII.

F pag. 298.

Li roisignors anonce la novele
Que la saisons del dolz tens est venue,
Que tote riens renaist et renovele,
Que li pré sont covert d'erbe menue.
5 Por la saison, qui se change et remue,
Chascuns, fors moi, s'esjoïst et revele :
Las! car si m'est changie la merele,
Qu'on m'a geté en prison et en mue!
Tant com iver et tant com esté dure,
10 Sui en dolor et en duel et ire;
Assez et trop ai de male aventure :
Nului, qui soit, ne le porroie dire.
Quant me porpens, ne puis joer ne rire,
S'alcune fois n'avient par mespresure :
15 Car il n'estuet a si grant desmesure
Soffrir adés si doleros martire.
Deus! car seüst ma dame la covine
De la dolor que j'ai et de la paine!
Car ses cuers bien li dit et adevine
20 Coment s'amors me travaille et demaine.
Sor totes altres est el la soveraine

Car mielz conoist de mes mals la racine ;
Ne puis sanz li recovrer medecine,
Ne garison, qui me soit pros et saine.
25   Tant me delit en la dolce semblance
De ses vairs euz et de son cler viaire ;
Et quant recort la bele contenance
De son gent cors, toz li cuers m'en esclaire.
Qu'ele par est tant dolce et debonaire,
30 Et tant leals, tant cortoise et tant france,
Que je ne puis avoir tant de poissance
Que mon penser puisse de li retraire.
   Ja Deus ne doint, que mes cuers se retraie
De li amer toz les jors de ma vie !
35 Non fera il, grant folie m'esmaie,
Car sa bialté me semont et envie :
Molt longuement l'ai amée et servie :
Bien est mes tens que la deserte en aie.
Or verrai bien s'ele est leals et vraie,
40 Ou s'ele m'est false ou deleals amie.

XIIII.

C¹ fol. 108 (leçon très-corrompue; sans nom d'auteur) E pag. 118   F fol. 44 v   G fol. 44 r.

Ma joie me semont
De chanter al dolz tens,
Et mes cuers li respont
Que drois est que g'i pens ;
5 Car nule riens el mont

Ne faz sor son deffens :
Deus! quel siecle cil ont
Qui i metent lor sens!
   A la joie apartient
10 D'amer molt finement,
   Et, quant li lius en vient,
Li doners largement;
Encor plus i covient
Parler cortoisement :
Qui ces trois voies tient,
15 Ja n'ira malement.

XV.

A fol. 153 *r (sans nom d'auteur)* G *fol.* 18 *r (attribuée à* Gasses*)*
K *fol.* 139 *v* L *fol.* 89 *r.*

Mes cuers m'a fait comencier,
Quant je deüsse fenir,
Por ma grant dolor noncier
Celi qui me fait languir.
5 Mais ains ne sot mon desir;
Si ne m'en doi merveillier,
Se j'en ai angoisse et ire.

Uns altres deüst morir,
S'il fust en tel desirrier.
10 Mais esperance et desir
   Me font assez mains gregier
Et mes grans mals alegier,

Dont ja ne me quier partir.
Chançonete, va li dire!

15 Par Deu! trop i pues targier!
— Bel sire, a vostre plaisir,
Volez me vos plus chargier[1]?
— Oïl, mais ne l'os jehir;
Car tant me fait mal sentir,
20 Que ne t'en sai conseillier :
Mais garde toi de mesdire!

Qui bien aime sens trichier,
Et qui amors vuet servir,
Ne s'en doit plus esmaier
25 Ne por poine repentir.
Bien a pooir de merir
La dolor et l'encombrier
Amors, qu'ele est mals et mire.

---

1. Les mss. K et L intercalent après le vers 18 les deux vers :

Quar li felon losengier
Qui tout vuelent encerchier

et lisent au vers suivant :

Me font maint anui sentir.

Evidemment nous avons là affaire à une interpolation d'un copiste ou d'un *refaiseur;* la disposition des rimes de la pièce le démontre d'une manière certaine.

XVI.

A fol. 145 r *B fol.* 92 r (*les couplets* 1, 2, 4, 6, 3, *sans nom d'auteur*).

Molt se feïst boen tenir de chanter,
Car en chantant ne set l'on mais que dire.
Boen mot ne chant ne puet l'on mais trover,
Tant i sache hom esgarder ne eslire,
5 Que maintes fois ne soit estez redis :
S'en ai chanté plus mas et desconfis,
Mais ja por ce n'en sera amors pire.

Endroit de moi ne m'en puis conforter,
Qu'amors m'ocist d'un si plaisant martire,
10 Qu'ele me fait en aventure amer,
La, ou puis bien ma dolce mort eslire.
Ne ja vers li ne serai tant hardis,
Que mes tormens li soit par moi jehis,
S'en chantant non : por tant me puet occire.

15 Li bels gens cors ma dame et si oil cler,
Qui tant suelent amerosement rire,
Ont fait l'amor dedens mon cuer entrer,
Que nule altre ne li puet escondire.
Vers ceste amor m'est li tormens deliz ;
20 Car quant mielz aim, plus cuit estre garis :
Cil n'aime pas, qui contre amor s'aïre.

Dolce dame, bien vos poez prisier
Que vos avez plus bialté et vaillance
Que nule altre, qu'amors puist jostisier.
25 En vos n'a rien qui ne tort a plaisance.

Dame, en vos sont tuit li bien que di :
S'i m'a amors et lié et saisi.
Quant a vos pens, n'en fais nule semblance.
 Mains en i a, qui font al comencier
30 Semblant d'amor et riche contenance :
Pues les en voi partir si de legier,
Car il n'en vont querant fors la vantance.
Et cil qui sont fin et leal ami,
Sont par tel gent deceü et traï :
35 S'en devroit bien amors prendre vengence.
 Itant i a que bien me puet aidier;
Qu'en poi d'ore done Deus grant cheance!
D'un dolz regart, d'un ris ou d'un baisier
M'auroit amors torné a delivrance,
40 Et de mes mals respassé et gari.
Dame merci, que je ne muere ensi!
Qu'ainc envers vos n'oi false esperance!

XVII.

A fol. 172 r (sans nom d'auteur) K fol. 143 v et L fol. 92 v
(le v. 25 et le coupl. 4 manquent).

Onques mais nuls hons ne chanta
A la maniere dont je chant :
Ne jamais nuls ne chantera,
Tant ait d'ire, a mains de semblant.
5 Et quant ma dame ocis m'aura,
Sachiez por voir, qu'a li me vant,
Que ja nuls ne la requerra

D'amor si fine en son vivant.
Merci deüst avoir plus grant
10 De moi, qui ci vois languissant.
　　Bels sire Deus! s'ele aime ja,
Donez que ce soit moi avant :
Car je sai bien qu'onques n'ama;
Tant cen voit mes cuers plus en grant.
15 Molt a enuis i aprendra,
Je m'en vois bien apercevant,
Quant ele encore senti n'a
Nul des mals d'amor, dont j'ai tant.
　　Ses clers vis, qu'ele a si riant,
20 A fait le mien triste et pensant.
　　Li lons delais d'a li parler
Me fait sovent plaindre et fremir.
Quant la sui, ne l'os esgarder
Tant en dot mes euz a partir.
25 Tant i aiment le sejorner
Qu'il ne s'en vuelent revenir :
Ne je nes en puis ramener
Por chastoier, por mielz covrir;
Car ce dont on a grant desir,
30 Fait bien mesure tressaillir.
　　Tant a en li a recorder
Bialté por qu'on la doit servir :
Se tuit cil, qui sevent parler,
Voloient ses taches gehir,
35 Ne porroient il raconter
Que riens en li deüst faillir,
Fors tant qu'il ne l'en vuet menbrer

De son home ne sovenir.
Ançois me covendra languir
40 Tant com li vendra a plaisir.

XVIII.

*C¹ fol. 72 r (sans nom d'auteur) E pag. 118 F fol. 45 r
G fol. 45 r. Le sens incomplet du 1ᵉʳ coupl. et la disposition des
rimes du second indiquent que les vers 3 et 5 manquent dans la
leçon de ces quatre mss. qui ont puisé à la source commune du 2ᵉ
groupe.*

Puisqu'amors dont m'otroie a chanter,
Si que je n'os refuser son otroi
. . . .
En vain, mais ce, qu'adés chant et proi,
5 . . . .
A la fois m'i fesist detrier.
S'en amor n'eüst si leal foi,
Las! lealté m'estuet chier comparer,
Dont li chufleor font lor buffoi.
10 Amors, qui que te sache enganer,
Leal amant as conquis en moi.
Ne por ce ne me dois plus pener :
Si fais, mais ce tieng je a desroi,
Que je te pert por ma bone foi,
15 Et cil losengier t'ont par falser.
Hé! amors, amors, porpense toi!
Tes anemis hé et fai grever
Et tes leals amis aime et croi!

XVIIII.

A fol. 198 r (le vers 25 et l'envoi à Quenes manquent; après le vers 84 on trouve les deux couplets que je rapporte à la fin) B fol. 12 v (la réd. de A plus l'envoi; sans nom d'auteur) C¹ fol. 114 v (les coupl. 1, 2, 5,6 et le 2° des coupl. rapportés à la fin, sans nom d'auteur) E pag. 109, F fol. 40 r, J³ fol. 119 v (même réd.) K fol. 137 r L fol. 86 v M fol. 112 v (1, 2, 3, 4 et le 2° des couplets rapportés à la fin, sans nom d'auteur) O fol. 8 v (sans nom d'auteur) f (la 50° des pièces attribuées à Monnios).

Quant je plus sui en paor de ma vie,
Et je doi moins par raison estre liez,
Lors me semont ma volentez et prie
Et fine amors, que je soie envoisiez.
5 S'ele m'ocist, siens en iert li pechiez :
Trop a dolz nom por faire vilenie,
Et se je sui par mes euz traveilliés,
   Dont la vi,
   Qu'en doi je li
10   Demander, fors merci?
Desque par moi sui de joie esloigniez,
  Je ne m'en doi plaindre mie
  Coment qu'aie esté iriez,
  Dolcement sui engingniez.

15 Amors, mar vi cels qui vos ont traïe,
Quant vos sor moi vostre dolor vengiez;
Je ne l'ai pas envers vos desservie
Nule chose, dont deüsse estre esmaiez.

Mon cuer avez, piece a n'en fui aidiez;
20 Ains m'a laissié por vostre cortoisie.
Et s'il vos plaist, cruelment m'assaiez
   A ami
    Que ja de mi
   Ne ferez anemi.
25 Ançois vos pri que merci en aiez :
  Car se vos avec la vie
  Que je main, me destraigniez,
  Mar vi bialté sans pitié!

 A grant effort ai la dolor vencue,
30 Qui me cuida de ceste amor geter.
Je ne di pas que me soit recreüe;
Ains le me fait chierement comparer
Ma dolce dame, por mon cuer esprover.
Si que j'en ai tote altre amor perdue,
35 Et se n'ai mais de quoi altrui amer,
   Ne servir,
   Ne deservir,
  Ne truis, par mal soffrir,
Que la poine me puist guerredoner
40 Que j'ai por li eüe.
  Ne sai, se merci trover
  Porroie en son cuer aver !

 Nenil, par Deu! ançois m'iert chier vendue,
Que sanz morir ne la cuit achater.
45 Joie oi de li ; si la m'a retolue
Rien n'i a mis, qu'ele n'en vuelle oster

Fors volenté, qu'ele n'en puet geter,
Que me laissa, ne l'ai encor perdue;
Ne ne ferai tant com peüsse durer
50   Si desir
   Qu'a son plaisir
  Peüsse de li joïr,
Car altrement ne la quier enganer.
  Si m'en soit joie rendue,
55 Et peüsse amor recovrer,
  Com j'ai dit voir sens falser.

Onques mais cuers en voloir n'en pensée
Envers dame si bien ne s'esprova.
Mais je ne sai coment puist estre amée,
60 Cele d'altrui, qu'onques son cuer n'ama.
Ce tieng a mien, que premiers me laissa,
Et nonporquant, ainc n'i ot dessevrée :
Entierement avec li l'enporta.
   Par mon gré,
65   M'a si grevé
   Et par ma volenté.
Ja ma dame reproche n'en aura.
  S'en sera espoir blasmée.
  Mais nului n'en pesera
70 Plus de moi, quant ce sera.

Chançon, di li, si mar vi assemblée
Tant de bialté, com ele me mostra
En sa face vermeille et colorée,
Par quoi l'orguel el cuer li avala,

75 Qui son ami occirre li rova.
S'amors me doinst avoir longue durée!
Car c'est la riens en cest mont qui plus a
Tost sané
Home navré
80 De si grant enferté
Com je sui, las! bien a, qui me navra,
Que tost m'aura resenée
Ma dolor, quant li plaira
Et quant pitiez l'en prendra.

85 Quenes, en Blondel est née
L'amors qui ja ne faldra,
Tant de mal ne li fera.

Les mss. A et B nous offrent encore deux couplets qui, bien que conservés dans les meilleurs mss. et travaillés sur le même modèle que les autres couplets, ne sauraient être admis à faire partie de la chanson qu'on vient de lire : 1° parce que cette chanson, d'après la construction rhythmique employée généralement par Blondels, doit finir avec le 6° couplet et l'envoi; 2° parce que ces deux couplets, ne rimant pas entre eux, ne sauraient même entrer dans un système de quatre paires de couplets, si on voulait admettre un tel système, dont on ne rencontre nulle part des exemples. Les scribes de A et B, et avant eux celui du manuscrit qu'ils ont mis à contribution tous les deux, ont déjà indiqué, en les plaçant après le couplet final : Chançon, di li, que ces deux couplets étaient indépendants de la pièce à la suite de laquelle ils les transcrivaient. La seule raison pour laquelle ils ont pu croire utile ou nécessaire ce rapprochement c'est la forme métrique de ces couplets.

Il est encore à remarquer que le 1" de ces couplets, qui ne s'accorde, pour la rime, avec aucun couplet de notre pièce ne se retrouve dans aucun autre ms., tandis que le second, qui a les mêmes rimes que les deux premiers couplets de la chanson de Blondels, se rencontre encore dans les mss. C¹, E, F, J³, M, qui dérivent tous, en entier ou pour une partie de leurs chansons, de la source commune des mss. du 2ᵉ groupe. Du reste, voici les deux couplets d'après B fol. 13 v.[1]

Bealté, bonté, cler vis a desmesure
A ma dame, vairs euz et simple vis.
Si me destraint et ocit par droiture
Li bels samblanz, par coi je sui sospris.
5 En li amer sui toz jors ententis :
Ne vuelle Dex c'aillors aie ma cure !
Qu'en si haut leu ne porroie estre assis
   Par son gré
   M'a si grevé
10   Et par ma volenté :
Tant dolcement m'a ma dame conquis,
  Que trop l'aim a desmesure.
  Siens sui et serai toz dis :
  Ja n'en quier estre partiz.

15 Coment que soit ma joie deffenie :
Ainz de vivre ne fui jor enuiez.
Mais or voi bien que l'amor me defie,
Et si ai bien mes travalz emploiez,
C'a mon voloir ai esté engigniez,
20 Or sont cil lié, qui sor moi ont envie,

---

1. Je les ai imprimés d'après A dans mon édition du chansonnier de Berne : *Archiv für das Studium der neueren Sprachen*, 43, p. 319.

Et se par els sui de joie esloigniez,
Je lor pri
Et lor requier
Qu'il prient Deu por mi,
25 Que je me senz de grant meffait chargiez;
S'en seroit m'erme perie :
Car a boen droit sui jugiez.
Deus ! prengne vos en pitiez !

XX.

K fol. 141 *v L fol.* 90 *v.*

Qui que soit de joie partis,
Je vuel encore que mes chans
Soit par tot le mont departis
Contre la verdure del tens ;
5 Car molt ai esté fins amans,
N'encore n'en sui repentans
Por mal, ne ja ne m'en repente.
Ne ja, tant com je soie vis,
Ne serai d'amer recreans,
10 Car j'en ai la dolor apris
Les angoisses et les ahans,
Por quoi je sui si mal soffrans.
Hé Deus ! com puis estre joians,
Se mes sejors li atalente ?
15 Dame, ainc ne vos soi guerroier,
Mais servir bien a mon pooir :
C'est ce qui me deüst aidier
A vostre amor et plus valoir.

S'il ne vos en daigne chaloir,
20 Nel me faites mie a savoir!
Mais laissiez m'amer sans amie!
Altre ne me puet conseillier
Fors vos, ne faire mon voloir,
Ne la dolor assouagier,
25 Que j'ai de vos, senz joie avoir.
Sovent me faites triste et noir;
On se puet bien apercevoir
Que mestier ai de vostre aïe.

Je ne me puis de vos partir;
30 Et si ne vos tieg, ne ne lais,
Ce poise moi, n'en quier mentir,
Et molt m'en est bons li delais.
Car por vos amer fui je fais;
Ne ja n'en quier estre deffais,
35 Por vos engignier ne deçoivre.
Encore en soit li mals mesfais;
N'en sui je rien vers li forfais,
S'el me voloit en gré reçoivre.

XXI.

A fol. 220 *r* (*attrib. à* Messirez Gaises[1], *les vers* 37-44 *manquent*) *B fol.* 134 *r* (*même réd., sans nom d'auteur*) *G fol.* 46 *v* (*le* 5ᵉ *couplet manque*) *J³ fol.* 53 *v* *K fol.* 138 *r* *L fol.*

---

1. L'attribution de cette pièce à *Gaces Brulez* dans le ms. A est une preuve frappante du peu de soin du scribe qui a ajouté après coup les noms de poëtes dans A, puisque Blondels se nomme lui-même à la fin de la pièce.

87 v O fol. 10 bis r f (la 33° parmi les chansons attribuées à Monios).

    S'amors vuet que mes chans remaigne,
    Et ma dame me le deffent,
    Qui mon cuer angoisse et mahaïgne,
    Si n'en quier mais avoir talent.
5 Ains vuel bien qu'ele me destraigne,
    S'ele voloit estre compaigne
    De la dolor que por li sent :
    Or li pri que pitiez l'en praigne.
       Et que de moi grever se taigne
10 Car trop m'aïre et greve sovent.
    Mais n'est pas drois que je m'en plaigne,
    S'amors fait son comandement.
    Puisque de li amer m'ensaigne,
    Bien feroit, mais ele ne daigne,
15 Qu'ele m'amast si lealment,
    Com si oil m'en firent l'ensaigne.
       Ja plus, certes, ne li querroie;
    Qu'ensi porroie bien garir
    De cest mal, qui si affebloie
20 Mon cuer, qu'il ne la puet haïr.
    Trop m'est bel qu'ele me guerroie,
    Et se je ces mals refusoie,
    Ja puis ne devroie joïr
    De ce, dont la dolors est moie.
25   A cel qui sert de cuer et proie,
    Voit on molt poi de bien merir.
    Ja Deus ne doinst que j'en recroie
    Por mal qui m'en doie avenir.

Se bels semblans ne m'i fausnoie,
30 Li bel oil, que ses cuers m'envoie,
S'il ne deçoivent par mentir,
Bien font semblant que jes en croie.
    Si fais je, voir, plus bel message
Ne me porroit ele envoier,
35 Que cels, qui sont de son lignage
Por ma grant dolor alegier.
Molt en sui liez en mon corage,
Et si puis bien avoir damage,
Puisque si sui en son dangier;
40 Qu'ausi privé voit on salvage.
    Qui d'amor n'auroit altre gage
Que j'ai, s'amast de cuer entier
Si com je fais, en grant folage
Auroit mis son desirrier !
45   Blondels met son cuer en ostage
La, ou il n'a point de visnage
Fors bel semblant senz otroier :
Mais n'i claime point d'iretage.

XXII.

C¹ fol. 72 r (sans nom d'auteur) E p. 119 F fol. 45 v G fol. 45 r H (p. 549 de la copie dans 12611) K fol. 143 v L fol. 92 v.

Se savoient mon torment
Et alques de mon affaire,
Cil, qui demandent coment
Je puis tant de chançons faire,

5 Ils diroient vraiement
Que nuls a chanter n'entent,
Qui mielz s'en deüst retraire :
Mais por ce chant voirement,
Que je muir plus dolcement.
10 Trop par me grieve forment
Que cele est si debonaire,
Qui tant de dolor me rent,
Ce qu'a tot le mont doit plaire.
Mais ne me grevast neant,
15 Se la tres bele al cors gent
Me feïst toz ces mals traire.
Mais ce m'ocit vraiement
Qu'el ne set que por li sent.
Se seüst certainement
20 Mon martire et mon contraire
Cele, por qui je consent
Que l'amor me tient et maire,
Je croi bien qu'alegement
M'envoiast prochainement;
25 Car par droit le deüst faire,
Se regars a escient
De ses bels eus ne me ment.
Chançons, va isnelement
A la bele au cler viaire.
30 Si li di tant solement
Que de bons est soef flaire.
Ne l'os proier altrement :
Car trop pensai haltement;
Si n'en puis mon cuer retraire.

35 Et se pitiez ne l'en prent·
Blondels muert, que plus n'atent.

Le ms. B (*fol. 38 v*) *nous présente une chanson d'un auteur qui se nomme* Guioz *au 3ᵉ couplet et qui a emprunté, pour le début de sa pièce, tout le 1ᵉʳ couplet de la chanson de* Blondels (*dont le scribe a sauté les deux derniers vers*).

La pièce de Guioz *ne paraît pas complète. On s'attend, d'après la construction rhythmique qu'il a suivie pour les deux premiers couplets, à un couplet correspondant pour la rime à son troisième couplet et à un autre qui répétait les rimes de son quatrième couplet. Quoi qu'il en soit, le fait qu'il a emprunté tout un couplet à* Blondels *est intéressant pour l'étude des emprunts et remaniements multiples et variés qui se rencontrent dans les chansons françaises du moyen-âge. Voici la pièce :*

  Se savoient mon torment
  Et auques de mon affaire
  Cil, qui demandent coment
  Je puis tante chançon faire,
5 Bien diroient voirement
  Que nus a chanter n'entent,
  Qui meuz s'en deüst retraire ;
  . . . .
  . . . .
10 Bien me revient ausiment
  Quant de chanter me puis taire,
  Que celi pitiez n'en prent,
  Qui tel dolor me fait traire.
  Mais quank'a l'amor apant,
15 M'estuet faire bonement.
  D'un dolz regart debonaire
  M'aguise si mon talent,

Par que je muir si sovent.
   Quant tuit li bien sont en li,
20 De tant li ferai proiere,
   Qu'ele regart son ami
   Et qu'ele soit droitureire (sic!).
   Mais trop sont nostre anemi
   De granz mençonges garni
25 Et de gaber par derriere.
   Por ce cuide avoir failli
   Guioz, qui tant a servi.
      Bien la revoil esgarder :
   Cui chaut, se j'en muir d'envie?
30 Et quant j'oï de li parler
   Neis la, ou ele n'est mie,
   Ja ne querroie finer
   De respondre ou d'escouter.
   Beaté, sens et cortoisie
35 Ne sot unques Dex ovrer,
   C'on ne puisse en li trover.

XXIII.

A fol. 233 r (l'envoi manque) B fol. 40 r (les couplets 1, 2, 4, 3, sans nom d'auteur) C¹ fol. 72 v (les couplets 1-5 sans nom d'auteur) E page 120 (les couplets 1-5) F fol. 45 (id.) G fol. 45 (id.) J³ fol. 52 v (l'envoi manque) K fol. 140 r (les couplets 3 et 4 sont intervertis) L fol. 89 v (id.) M fol. 134 v (1-5, sans nom d'auteur).

Tant ai en chantant proié
   Que bien porroit mais remanoir,
Quant de moi n'en a pitié
Cele qui bien set mon voloir.

5 Mais n'en puis avoir congié :
Car fine amor ai otroié,
Tant com j'aurai sen et force et pooir
Ne laisserai mon chant ne s'amistié.
   Coment qu'ele m'ait laissié
10 En ire et en dolor manoir,
Dolcement sui engignié,
Se je plus n'en cuidoie avoir.
Qui que me tiegne a trichié,
Je di que j'ai bien emploié,
15 Se ma dame faisoit por moi doloir,
Les mals, qui m'ont por s'amor traveillié.
   Dolce dame, en vo cuer maint
Et en vostre clere façon
La joie qui me soffraint,
20 Et li biens, dont j'atent le don
Que vo franchise m'amaint.
Et s'il en vostre cuer remaint
Que je n'aie de vos se dolor non,
Donc ne sai je qui a joie me maint.
25   Ja ne quier que nuls m'ensaint
A issir fors de sa prison ;
Ains vuel que s'amors m'ataint
Qu'envers li face mesprison :
Qu'onques de moi ne se claint.
30 Mais si com ele me destraint,
M'i destraigne senz avoir guerredon,
Ne Deus voloir ne li doinst qu'ele m'aint !
   En mon cors m'ont assailli
Li mals d'amor, si m'ont grevé ;

35 N'onques ne s'en deffendi
Li cuers, qu'il ont dedens trové.
Dame, or en aiez merci!
Se j'ai fait de moi vostre ami
A l'aïe de vostre grant bialté,
40 Ne m'en devez tenir por anemi.
Onques ne le desservi,
Se Deus me doinst ma volenté
De vos, qui je ser toz dis,
S'il vos deignoit venir en gré.
45 Ains ai tot le mont guerpi
Por vos, dame, que je mar vi.
Se par pitié ne me sont amendé
Li mal, qui m'ont de joie parti.
Chançonete, a Quenon di
50 Que Blondels a de sa dame chanté;
Et si te die por l'amor de li.

La construction rhythmique de cette pièce n'est pas des plus fréquentes. Parmi le très-grand nombre de chansons que j'ai examinées au point de vue de la métrique, je n'en ai pas rencontré une seule qui présentât une construction absolument analogue. Aussi la plupart des scribes, qui ne se rendaient pas bien compte de cette construction des couplets, ont-ils dénaturé la mesure des vers en ajoutant des mots et des syllabes de remplissage à ceux qui leur paraissaient incomplets. Je crois être parvenu, par des modifications tout à fait insignifiantes, à enlever ce remplissage et à rendre sa vraie forme à la chanson. Cette forme a cela de particulier qu'elle emploie dans chaque couplet 3 vers de sept syllabes (1, 3, 5) alternant avec trois autres octosyllabiques (2, 4, 6) et que les deux derniers (7 et 8) sont de dix syllabes. L'envoi reprend, comme c'est la règle, la mesure et les rimes des 3 derniers vers du dernier couplet. Le système des rimes est des plus communs : ababaaba. *Pour restituer la mesure exacte d'après ce modèle j'ai corrigé, en suivant les mss.* C¹, F, G vo *pour* vostre *au v.* 17 (J⁵ *donne* vos); *j'ai fait la même correction au v.* 21 *suivant* M *et* J⁵; *au v.* 27 *j'ai supprimé* bien *malgré le témoignage de tous les mss.*[1] *Il est assez singulier que dans deux de ces cas ce soient des mss. du* 2ᵉ *groupe qui aient conservé la bonne leçon, tandis que dans les mss. du* 3ᵉ *et même dans ceux du* 1ᵉʳ *groupe la mesure des vers a été altérée.*

XXIIII.

A fol. 237 v *K fol.* 142 (*le vers* 8 *manque et deux vers de l'envoi sont coupés avec la lettre ornée de la chanson suivante*) L *fol.* 91 v.

Tant aim et vuel et desir,
Que ne puis aillors penser :
Si me fait amors languir
Et sor mon voloir chanter.
5 Tant l'ai amée et servie,
Que la mort ai deservie
S'a ce me covient faillir,
Que tant me fait desirer.[1]

Molt me delit a servir
10 Amors et à moi grever.
Si ne m'en puis repentir,
Ne ce que j'aim oblier.
Et se la bele m'oblie,
Donc sui amis sans amie.

1. Le ms. C¹ supprime *que*, qui est indispensable pour l'intelligence de la phrase.

15 Me covient dolor soffrir
   Et son voloir mercier.
      Qui que m'apraigne a haïr,
   Ne porroie en li trover;
   Tantes bialtez i remir,
20 Quant la me loist resgarder,
   Que la mort me semble vie.
   Molt ai fait sage folie,
   Se li deignoit sovenir,
   De moi qui me muer d'amer.
25   Jai veü, por plus durer,
   Mainte bone amor covrir;
   Mais ne la puet pas celer
   Cil, qui aime senz faillir.
   Se la boche n'est hardie,
30 La colors nel cele mie :
   Tainte li covient porter,
   Qui bien aime senz mentir.
      Ains n'oi voloir de falser
   Ne corage de traïr.
35 Si me laist Deus recovrer
   Ceste amor, dont je sospir!
   Je l'aim plus que ne le die,
   Coment qu'ele m'escondie.
   Mes cuers ne s'en puet torner
40 Ne ja nel en quier partir.
      Blondels aime et sert et proie
   Sa demoiselle joie,
   Qu'ele le face esjoïr
   Et bone novele oïr.

APPENDICE.

Je place dans un appendice la pièce suivante dont l'attribution à Blondels est douteuse à cause du désaccord sur le nom de l'auteur qui existe entre les deux mss. les plus importants et de son anonymité dans d'autres mss.

A fol. 115 r (attrib. à Messires Uguez de Bregi) E pag. 391, F fol. 179 v (sans nom d'auteur, ordre des couplets : 1, 2, 5, 4, 3) L fol. 108 v (attr. à Aubuins[1]*), dans K elle n'est pas conservée dans le corps du vol. et attribuée à Huges de Bregi dans la table M fol. 115 r (sans nom d'auteur, même ordre) N fol. 90 r.*

Quant voi le tens felon rasouagier
  Et l'erbe vert contre soleil resplendre,
Lors chanterai, car molt m'auroit mestier
  Que ma dame deignast son home prendre.
5 Si m'aït Deus! plus de richor ne quier,
  Car tuit li bien del mont seroient mendre,
      Que li miens voir ;
Ne je ne puis, s'el ne me vuet entendre,
      Grant joie avoir.

10 Las! je ne puis mon fin cuer chastoier,
  N'envers celi nel puis d'amor desfendre,
  Que toz les mals del mont me fait chargier,

---

1. J'aurai à revenir sur cette dernière attribution dans la notice sur l'œuvre d'*Aubuins de Sezane*.

Ne nuls senz li n'en porroit un descendre.
Si cruelment m'i puet ele essaier,
15 Qu'aprés ma mort me fera joie atendre
De s'amor voir;
Ne je ne puis, s'el ne me vuet entendre,
Grant joie avoir.

Je ne me soi onques amesurer
20 D'amer celi, ou toz mes cuers s'estuie;
N'envers altre ne voldroie penser,
Car c'est la riens ou li miens cuers s'apuie.
Si m'aït Deus! ja ne la quier falser :
Ains l'amerai, coment qu'el me destruie,
25   Si lealment :
S'ele m'aït, ainc ne soi, en quel guise
On s'en repent.

Je ne pris pas la joie de cest mont,
Se ma dame ne plaist par sa franchise,
30 Que son ami, celui qu'ele confont,
Daignast un poi aligier son martire.
Lors auroie plus que tuit cil qui sont :
Car la dolçors s'en est en mon cuer mise,
Si bonement :
35 S'ele m'aït, ainc ne soi, en quel guise
On s'en repent.

Et ceste amors qui si fort me confont,
Par mon voloir m'a si pris senz faintise,
Que g'en obli totes celes qui sont;

40 Ne ja par moi n'en iert nule requise.
Deus! je ne sai que cist altre amant font:
Mais j'aim adés cesti par tel devise,
   Si lealment :
S'ele m'aït, ainc ne soi, en quel guise
45   On s'en repent.

LI ROIS RICHARS D'ENGLETERRE.

Il n'existe, à ma connaissance, que deux pièces qui puissent être attribuées avec certitude à Richard Cœur-de-Lion : ce sont deux serventois écrits en langue d'oïl. Les deux couplets en provençal, tirés du chansonnier Giraud (Bibl. Imp., f. fr. 12472) qui ont été publiés et attribués au roi Richard par Raynouard (Annuaire historique publié par la Société de l'histoire de France, 1837, p. 151) ne sont pas, comme le croyait ce savant, un fragment d'une chanson inédite de Richard; ils se trouvent seulement à la suite du serventois bien connu de ce trouvère : Ja nus hom pris ne dira sa raison[1]. *La pièce dont ils sont extraits n'a pas de nom d'auteur dans le ms. Giraud ; elle est attribuée à* Cercamons *dans d'autres mss. Que le roi Richard ait eu une connaissance suffisante du provençal pour comprendre un serventois que le dauphin d'Auvergne lui adressait dans cette langue, la chose est possible et même probable, mais il est plus que douteux qu'il ait été capable de trouver lui-même des vers provençaux.*

Si les couplets du chansonnier Giraud n'ont été attribués au

---

1. Cette erreur de Raynouard a été relevée et rectifiée par M. Paul Meyer dans l'excellent mémoire qu'il a consacré au chansonnier Giraud (*Bibl. de l'École des Chartes*, t. 30, p. 262).

roi Richard qu'à la suite d'une méprise de Raynouard, il existe encore un fragment de chanson qui doit cet honneur à une supercherie d'un romancier français qui a publié (à Paris en 1705) un recueil de contes anglais sous le titre : La tour ténébreuse et les jours lumineux, Contes Anglois accompagnez d'Historiettes & tirez d'une ancienne chronique composée par Richard surnommé Cœur-de-Lion, etc. C'est lui qui, le premier, a donné cette prétendue chanson du roi Richard. Comme il l'indique dans le titre, l'auteur[1] affirme avoir tiré toute la matière de son ouvrage d'un ms. des œuvres de Richard. Voici, du reste, ses propres paroles (Préface, p. 2) :

« Tous ces Ouvrages (du roi Richard).... se répandirent si fort dans le public en France, en Angleterre & en Provence, qu'on les récitoit de memoire dans les compagnies. Cependant les Sçavans Amateurs de l'Antiquité Gauloise conviennent qu'ils n'ont jamais vû aucun Recueil complet des Ouvrages de ce Prince, dattez de ces deux siécles-là : apparemment ils ne s'étoient répandus dans le monde que séparément, & par pieces détachées. Mais quelques-uns des plus heureux de ces Sçavans ont en leur possession un Manuscrit qui a pour titre : Chronique et Fabliaux de la Composition de Richard Roy d'Angleterre, recueillis tot de nouvel, & conjoints ensemblement par le labour de Jehan de Sorels, l'an 1308. Ce Manuscrit datté de la huitième année du quatorziéme siécle, contient premierement un Récit de la vie et des principales actions du Roy Richard, écrit par luy-même. Ce Prince y

---

1. D'après le privilége royal, l'auteur est une certaine Mlle de L'Héritier. Quant à la chanson, la voici telle qu'elle se trouve dans l'appendice de la préface :

Domna vostra beutas
E las bellas faissos
Els bels oils amoros
Els gens cors bien taillats
5 Don sieu empresenats
De vostra amor qui mi lia
Si bel trop affansia
Ja de vos non partrai
Que major honorai
10 Sol en votre deman
Que sautra des beisan
Tot can de vos volria.

parle fort modérément de ses Conquêtes; il raporte diverses choses curieuses, etc. etc...... Après l'Histoire du Roy Richard, il y a dans ce Manuscrit plusieurs Contes & plusieurs petites Nouvelles galantes, renfermez tous également sous le titre de *Fabliaux*. Tous ces ouvrages sont precedez d'un Avertissement de Jean de Sorels ou il rend compte à ses Lecteurs des peines & de l'exactitude avec lesquelles il a recuëilli toutes ces Pièces dispersées dans divers Auteurs & dans divers Livres.....

Un sçavant homme qui a une curiosité sans bornes pour tout ce qui regarde l'Antiquité Gauloise, avoit en sa possession le Manuscrit dont je viens de parler, & voulut bien me faire part de ce rare Ouvrage, qu'on ne trouve qu'avec beaucoup de difficulté. C'est de ce Manuscrit que j'ay tiré les Contes du Roy Richard... *Plus bas, en parlant de Fauchet, l'auteur dit :* quoyqu'il fasse mention de la Chanson en Langue Provençale que Blondel & le Roy d'Angleterre avoient faites (*sic*) à eux-deux, il ne raporte point cette celebre Chanson, ce que fait la Chronique composée par le Roy Richard... »

Je n'ai pas besoin de dire que nous avons affaire à une supercherie littéraire. Ce Jean Sorels, prétendu éditeur des ouvrages du roi Richard, est un personnage tout à fait apocryphe; le ms. dans lequel il aurait réuni, si nous en croyons Mlle L'Héritier, la chronique et les fabliaux de Richard (qui ne sont pas autrement connus, pas plus que la chanson) ne se retrouve nulle part. L'attribution à Richard de cette chanson qui, née de la collaboration du roi et de son fidèle ménestrel, aurait amené la découverte par ce dernier de la prison où son maître se trouvait, est donc d'une authenticité plus que douteuse. Je suis très-porté à croire que Blondels *ne savait pas le provençal non plus que son roi.* Mlle L'Héritier *aura pris un couplet quelconque dans un chansonnier provençal parce qu'il lui fallait, pour son récit forgé d'après le passage d'une ancienne chronique cité par Fauchet, la chanson qui avait fait retrouver le roi par* Blondels *et qui était mentionnée dans ce texte. Le ms. provençal où elle prenait ces vers était probablement le même auquel elle a emprunté la chanson :* Ja nus hom pris, *qu'elle insère à leur suite. Fauchet paraît avoir été sa seule source pour l'histoire de la délivrance de Richard, et si elle prétend, à la fin du passage de sa préface que j'ai rapporté ci-dessus, avoir puisé* dans une source plus complète que la chronique consultée par ce savant, cette prétention ne s'autorise que de la chanson dont je n'ai plus besoin de faire ressortir le caractère apocryphe.

Les auteurs anglais qui ont été amenés par leurs sujets à s'occuper du roi Richard et de ses productions poétiques ont pris généralement Mlle L'Héritier trop au sérieux. Burney la croit éditeur d'un ancien roman dans lequel aurait été conservée cette chanson dont il ne met pas un seul moment l'authenticité en doute[1]. Le même auteur insère aussi, p. 238-40, d'après Walpole et Mlle L'Héritier, la chanson : Ja nus hom pris, avec une traduction d'après Millot, et il ajoute (p. 240) : « This song was addressed in the envoi from the Black Tower to a countess Soir, with equal devotion and gallantry[2]. » Charles Mills réimprime également ce couplet comme une œuvre de Richard dans son histoire des Croisades (History of the crusades for the recovery and possession of the Holy Land, 1820, tome 2, p. 391) avec la traduction faite par Burney d'après Mlle L'Héritier. L'éditeur de la nouvelle édition des Reliques of ancient poetry (1847, I, XXXIX) qui la réimprime aussi, est plus circonspect : (The following old Provençal lines are given as the very original song) de même que M. Th. Wright dans sa Biographia britannica litteraria (I, 327 : The following song.... appears to be of somewhat doubtful authenticity), tandis que M. W. J. Thoms, secrétaire de la Camden Society, ajoute foi aux assertions de Mlle L'Héritier (Note à l'édition de 1840 de Warton, history of English poetry, I, 117 : And there really seems to have been some foundation for the assertion, that the groundwork

---

1. *General History of Music*, 1782, t. 2, p. 236. « *The song written by Richard and Blondel, jointly, by which the place of his confinement was thus discovered, is preserved in an old French romance, called* La Tour Ténébreuse, *or the black tower.* »

2. Il y a dans l'envoi : *Comtesse suer vostre pris soverain;* contessa soir est la leçon corrompue du ms. de Florence.

of the work was a MS. communicated to the authoress by the then possessor).

Si aucun témoignage sérieux ne peut être invoqué pour augmenter le bagage littéraire de Richard des vers provençaux dont je viens de parler, l'attribution des deux serventois en langue d'oïl qui sont placés sous son nom dans un grand nombre de chansonniers français et provençaux, est d'autant plus certaine. Ils sont du petit nombre des pièces lyriques qui se rapportent à des faits historiques parfaitement déterminés.

Le premier de ces serventois :

Ja nus hom pris ne dira sa raison,

nous est conservé, en dehors des cinq chansonniers français qui le contiennent (A, B, E, F, M) dans cinq versions provençales. Ces versions sont ou des traductions en provençal ou simplement des copies provençalisées. *Ces dernières, à travers le langage hybride des copistes toujours assez ignorants de la langue du nord, laissent, la plupart du temps, facilement reconnaître les formes pures de la langue d'oïl. Trois des cinq versions provençales rentrent dans la première catégorie; elles ont cela de commun qu'elles ne comprennent pas les couplets 5 et 6 qui se trouvent dans les deux autres que j'ai qualifiées de copies* provençalisées. *Pour le texte aussi, ces trois versions ont plus de rapport entre elles qu'avec les deux autres. La première et la plus complète*[1] *des trois est la leçon du chansonnier Giraud (fonds fr. 12472, fol. 48 v) dont j'ai déjà parlé; elle est apparentée de très-près à la seconde qui ne se retrouve, que je sache, dans aucun des chansonniers provençaux actuellement connus. C'est la version imprimée dans l'appendice de la préface, dont M*[lle] *L'Héritier a fait précéder ses* Contes anglois. *L'éditeur ne nous renseigne pas*

---

1. Elle contient les deux derniers vers de l'envoi, qui manquent aux autres.

sur le ms. d'où il a tiré la chanson : apparemment il voudrait donner à entendre qu'il l'a trouvée, aussi bien que l'autre (dont j'ai parlé ci-dessus) dans la chronique composée par le roi Richard qu'il prétend avoir consultée.

La troisième version provençale de notre chanson est imprimée dans Raynouard (Choix, IV, 183); elle doit être empruntée aussi à un chansonnier aujourd'hui perdu ou inaccessible, peut-être au ms. moderne de Chasteuil-Galaup qui, du temps de Raynouard, appartenait à M. de Fauris de Saint-Vincens, à Aix, et qui ne paraît pas avoir été consulté depuis. Si ce n'est pas ce ms. d'où Raynouard a tiré sa version du célèbre serventois, je ne vois, dans la liste des mss. consultés par ce savant, que le ms. Mac-Carty d'où il l'aurait pu tirer[1]. *Elle ne se rencontre dans aucun des mss. de Paris, la version du chansonnier de la bibliothèque Bodléienne (fonds Douce, 269, p. 1, imprimée dans Mahn, Gedichte, I, p. 147) est toute différente, aussi bien que celle du ms. de Florence*[2]; *parmi les autres mss. de l'Italie pour lesquels*

---

1. Ce ms. passa, encore du vivant de Raynouard (1816) dans les mains de M. Richard Heber, à Londres, il doit être identique au ms. de sir Thomas Phillipps à Cheltenham. Du moins ce bibliophile indique dans son catalogue que son chansonnier provençal provient de Mac-Carty et est passé par les mains de Heber. Je n'en ai pas vu la table. M. Mahn a publié un certain nombre de pièces de ce ms. dans les *Gedichte der Troub.*

2. Cette version, dont j'aurai à parler plus amplement ci-après, se trouve dans le ms. 42 du *pluteus* XLI, elle a été imprimée par Horace Walpole, *Catalogue of the royal and noble authors of England*, London, 1759, p. 6. — M. Pellissier, dans un mémoire inséré dans le *Mémorial universel, Journal du cercle des Arts*, 1822, p. 145-154, réimprime exactement la version de Raynouard et ajoute à la fin : *Ms. de la Laur*, f. 70. Cette indication, qui paraît nous mettre sur la trace du ms. dont Raynouard a tiré la version qu'il a publiée, est malheureusement fausse. La bibliothèque Laurentienne contient trois chansonniers provençaux (les numéros 42 et 43 du *pluteus* XLI et le n° 26 du *pluteus* XC) dont aucun n'a conservé la version incomplète de Raynouard. Dans le premier seulement, il se trouve au fol. 22 a, la version complète imprimée dans Walpole. L'assertion du même auteur que le second serventois de Richard se retrouve dans trois

j'ai consulté les tables dressées par Sainte-Palaye (bibl. de l'Arsenal, B-L. F., 55) et M. le docteur Grüzmacher (Archiv für das Studium der neueren Sprachen, t. 32-36) il n'y en a aucun qui ait conservé cette chanson. Parmi les chansonniers provençaux aujourd'hui connus et accessibles, il n'y a donc que le ms. de Cheltenham d'où Raynouard pourrait avoir tiré sa version, si toutefois ce ms. est identique à celui de Mac-Carty. — Les versions Giraud et L'Héritier qui, comme je l'ai déjà dit ci-dessus, sont apparentées de très-près, présentent pour un assez grand nombre de passages (notamment les vv. 6, 10, 11, 14, 20-23) des variantes identiques de la version de Raynouard qui, en général, est plus correcte. Nous ne savons pas, il est vrai, à défaut du ms. consulté par ce savant, pour combien sa retouche est dans cette correction.

C'est à cette version incomplète de Raynouard, réimprimée dans Mahn, Werke, I, 129, que s'appliquent les remarques de Diez, Leben und Werke, p. 101, qui constatait déjà, en se fondant sur la construction rhythmique de la pièce, l'absence d'un cinquième couplet qu'offrent les versions plus complètes des mss. d'Oxford et de Florence[1].

mss. du Vatican est également fausse. Parmi les cinq chansonniers provençaux du Vatican, il n'y a que le n° 5232 qui le contienne (fol. 203 r), elle est imprimée par M. Grüzmacher, *Archiv* 34, 193).

1. C'est par suite d'une erreur que M. Paul Meyer affirme (*Bibl. de l'École des Chartes*, 30, 262) que « depuis 1829, Diez avait prouvé que cette chanson est française et non provençale. » C'est la seconde pièce du roi Richard, dont l'origine septentrionale a semblé alors incontestable à Diez. Quant à la première, il exprimait ses doutes à la p. 102 des *Leben und Werke*. Diez ne connaissait pas de texte complet de notre chanson; il n'avait sous les yeux ni la copie *provençalisée* imprimée par Walpole d'après le ms. de Florence, en 1758, (1re éd., Strawberry-Hill), ni l'original français imprimé par Sinner (*Cat. Codd. MSS. Bibl. Bern.*, III, 367). La version de Raynouard, dont la forme provençale est en effet beaucoup plus pure que celle des autres mss., doit nécessairement laisser des doutes sur la langue dans laquelle la pièce est écrite originairement.

Du reste, encore en 1855, M. Bartsch regardait la pièce comme

Ce sont ces deux mss. qui forment la seconde catégorie dont j'ai parlé ci-dessus, celle des copies provençalisées. *La version du ms. d'Oxford* (Douce, 269)[1], *plus complète que celles que je viens d'énumérer, comprend, comme je l'ai déjà dit, le couplet dont Diez constatait l'absence dans le texte de Raynouard. Mais, comme elle est la première pièce de ce chansonnier et que le feuillet qui la contient a été fort endommagé, on ne lit guère plus que trois ou quatre vers de la quatrième strophe, la cinquième presque entière (c'est celle-là qui manque aux versions de la première catégorie) et deux vers de la sixième. M. Mahn a imprimé ces fragments* (Gedichte, I, 147); *ils sont assez étendus pour montrer que la leçon du ms. Douce gardait bien plus de traces de l'original français que les trois versions de la première catégorie, notamment que celle de Raynouard.*

La version du ms. de Florence (n° 42 du pluteus XLI de la Laurentienne, fol. 22 a) est la plus complète de toutes les leçons qui se rencontrent dans les chansonniers provençaux. Elle comprend, comme l'original français, six couplets, plus l'envoi : le langage n'est pas tant du français provençalisé, *avec plus ou moins d'intelligence, par un scribe qui le comprenait*

provençale, puisqu'il l'a imprimée dans son *Provenzalisches Lesebuch* et qu'il l'a même restituée à l'aide du texte de A imprimé par Wackernagel dans ses *Altfranzœsische Lieder*, p. 38. Dans sa *Chrestomathie de l'ancien français*, de 1866, col. 186, le même savant dit, à propos de notre serventois dont il imprime l'original français : « *Elle* (la chanson) *existe aussi en provençal; voyez mon Provenzalisches Lesebuch*, 78, 20. »

1. C'est le ms. de Peiresc qui a passé par les mains de Mazaugues et de Crofts avant de venir dans la bibliothèque du célèbre bibliophile anglais qui l'a légué, avec la plus grande partie des mss. de sa précieuse collection, à la bibliothèque Bodléienne. M. Paul Meyer en a donné une notice très-complète dans les *Archives des Missions*, 2° série, V, 251, suiv. — Une copie moderne, faite par les soins de Sainte-Palaye, se trouve parmi les *Notices et extraits des mss. provençaux* de ce savant, conservés au cabinet des mss. de la bibl. de l'Ars.; c'est le 2° vol. du n° 55, *Belles-lettres françaises*.

à peu près, que du français horriblement mutilé et défiguré par un provençal ignorant presque absolument l'idiome de la pièce qu'il transcrivait. Un grand nombre de mots et de vers sont presque aussi dépourvus de sens pour celui qui ne connaît pas l'original que la plus grande partie de la pièce : Fonka nuls hom por dura departea *dont j'ai parlé ci-dessus* (p. 77). *Aussi Walpole est-il bien excusable de ne pas l'avoir entièrement comprise* (I think I understand the drift of every stanza but the last, which has proved totally unintelligible to every person that has hitherto seen it). *Et cependant l'auteur du* Catalogue of the royal and noble authors *avait pris d'autant plus de soin de ce précieux document de l'antiquité, qu'il en comprenait peu de chose; il en avait fait tirer une double copie à Florence*[1] *et collationner sur le ms. par le bibliothécaire de la Laurentienne, qui en avait vérifié l'exactitude*[2]. *Elle paraît en effet exacte, je l'ai collationnée moi-même avec une copie prise à Florence par Biscioni pour Sainte-Palaye (Arsenal, Belles-Lettres fr., 56, tome 4) que Raynouard (qui, comme on le sait, a généralement, pour son* Choix *aussi bien que pour le* Lexique, *tiré un grand parti des travaux de Sainte-Palaye) paraît ne pas avoir connue. Il n'y a de différence, entre les deux copies, qu'en trois ou quatre endroits. C'est au v.* 16 peiz *pour* perz *dans Walpole, au v.* 35 annos *pour* armes *dans Walpole, — ici, c'est évidemment Sainte-Palaye qui a mal lu. Dans l'envoi enfin, au lieu de* Contessa soit, *erreur de transcription qui a causé de la part de M. Ellis une explication des plus fantastiques de l'envoi*[3], *Sainte-Palaye a lu* Contessa soir. *A part*

---

1. « Which I have twice had transcribed with the greatest exactness » (p. 6).
2. « Questa canzone e stata ricorretta e riconfrontata con l'originale, e ritrovata essere in tutto fedele, secondo il parere anco del Canonico Bandini bibliotecario (*Catalogue of the royal and noble authors*, p. 8).
3. Il traduisait, en corrigeant *l'ame rejoys au dernier vers* (*La mere Loys*) : Countess, may your value be considered as sovereign;

ces deux ou trois erreurs et une autre qui consiste évidemment à avoir pris un c pour un e (v. 14), la copie de Walpole paraît exécutée avec soin. Je parle de l'édition de 1759; dans celle de 1806, Ellis a introduit deux nouvelles erreurs dans le texte sous prétexte de le corriger.

Il paraît que des versions provençales ou provençalisées en dehors des cinq que je viens d'énumérer de notre serventois se trouvaient encore dans d'autres mss. aujourd'hui perdus ou inaccessibles ; le serventois ayant été très-souvent copié, autant à cause de son auteur qu'à cause de son propre intérêt historique. Le fragment inséré par Jehan de Nostre Dame dans sa Vie de Richard paraît faire partie d'une de ces versions perdues ; il présente de trop grandes différences avec toutes les versions connues pour qu'on puisse admettre, même en faisant une très-large part à l'inexactitude de la transcription de Nostre Dame, qu'il soit tiré de l'une d'elles. Aussi, les deux couplets de notre serventois, insérés par Sismonde de Sismondi dans le 1ᵉʳ vol. de sa Littérature du Midi de l'Europe (p. 152) ne s'accordent avec aucune des versions que je viens de signaler, et l'indication donnée par Sismondi « d'après le ms. de M. de la Curne de Sainte-Palaye » est beaucoup trop vague pour faire reconnaître le ms. dont il s'est servi. On peut affirmer avec une assez grande certitude que Sainte-Palaye ne possédait en propre aucun chansonnier provençal[1],

---

may God save and guard you; that God on whom I call, and in whose cause I was thrown into prison. I do not speak it (ostentatiously); yet this certainly rejoices my soul. » Cat. of the royal and noble authors, éd. de 1806, t. I, p. 9. Ellis a été en général peu heureux dans les changements qu'il a proposés pour quelques passages du texte de Walpole; J'ansaien au v. 13 qu'il traduit j'enseigne n'est pas plus réussi que la correction que je viens de signaler. Aussi l'explication qu'il propose du v. 35 (complaints are now no more than wind) est bien loin du vrai sens.

1. Dans les notices et extraits des poésies des Troubadours, conservés à la bibliothèque de l'Arsenal (Belles-lettres franç., in-fol. 55, 8 vol., puis une table des noms propres en 2 vol.) tous les mss.

mais à la rigueur on peut qualifier de ms. de Sainte-Palaye toutes les copies nombreuses exécutées par les soins de ce savant. Cependant je n'ai réussi à retrouver ni dans les huit volumes de l'Arsenal ni dans les autres travaux de Sainte-Palaye, relatifs aux troubadours (les Vies et Extraits de l'Ars. et de la Bibl. Imp., — Dictionnaire des noms, — des choses, — Glossaire provençal), *une copie ou seulement une mention de la version dont Sismondi a rapporté deux couplets :* il n'y a que la version du ms. de la Laurentienne, nommé M dans Sainte-Palaye, qui se trouve copiée (deux fois) dans le 4° vol. des Extraits et citée plusieurs fois dans les dictionnaires et le glossaire. Il faut donc admettre, ou qu'il y a eu erreur de la part de Sismondi et que le ms. dont il a tiré les deux couplets ne provenait pas de Sainte-Palaye, ou que ce savant possédait un manuscrit provençal qui ne nous est pas parvenu et dont il n'a jamais fait mention dans ses autres travaux. La dernière supposition me paraît bien moins admissible que la première; à cause de leur orthographe rajeunie, les couplets rapportés par Sismondi ont l'air d'être transcrits par un provençal de nos jours dont Sismondi aurait pris la copie pour une de celles que Sainte-Palaye nous a laissées. Il y a, tant en Italie que dans la France méridionale, un assez grand nombre de copies modernes des chansonniers provençaux (la seule Barberina en possède trois[1]) dont le langage est en général fort rajeuni, — le prétendu ms. de Sainte-Palaye est probablement du nombre.

Quant au second serventois de Richard, il n'est pas moins français. Bien que ce soient exclusivement des chansonniers provençaux qui l'ont conservé, tandis que le premier se trouve, en dehors

---

dont se servait ce savant sont indiqués avec une grande exactitude; ils se retrouvent tous dans les bibliothèques de France et d'Italie.

1. *Pluteus*, XLVI, cod. 29, XLV, cod. 59 et 80. De même, le n° 2814 de la Bibl. Riccardi ne remonte guère plus haut qu'au commencement du siècle passé.

des copies provençalisées, *dans cinq mss. français, il n'a nulle part cette forme purement provençale que le premier a revêtue dans le ms. consulté par Raynouard et qui a amené Diez à laisser en suspens la question de savoir si le serventois était écrit originairement en français ou en provençal. Le serventois adressé au dauphin d'Auvergne a conservé, même dans sa forme la plus voisine du provençal (Ms.* 22543) *de trop évidentes traces de son origine française pour qu'un seul des savants qui se sont occupés de cette pièce en eût pu douter un seul instant. Déjà Sainte-Palaye, dans le* 7° *vol. de ses* Extraits des poésies des troubadours (Bibl. imp. fonds Moreau 1587, *fol.* 200) *a reconnu que la pièce est française : de même* Rochegude (Parnasse occitanien, p. 13) *et* Diez (Leben und Werke, p. 101) *n'ont témoigné aucune hésitation à cet égard.*

M. Le Roux de Lincy, qui a publié les deux serventois dans ses Chants historiques français, I, p. 56-59, 65-67), *pense que le second est écrit* « en français dans le dialecte poitevin, langage naturel au roi Richard..... C'est à peu près le même idiome que celui de la chanson sur la mort du roi Richard qui vient après celle-ci[1]. Il était en usage dans le Poitou, dans le Maine et l'An-

---

1. M. L. R. parle de la pièce connue de Gaucelm Faidit : *Fortz chauza est que tot lo major dan*, dont il y a une version assez corrompue pour le texte et le langage dans le ms. B (20050, anc. fonds St-Germain 1989) avec vingt autres chansons également provençales. Selon M. Le Roux, ces chansons « *doivent être considérées comme le plus ancien monument du dialecte usité dans le Poitou* » (Q. L. D. R., LXIV). Il croit même pouvoir fixer la date de ces 21 chansons parce qu'il est question dans une d'elles de l'empereur Emmanuel (qui serait Emmanuel Comnene, 1143-1180) : *quand cette chanson fut faite*, dit-il, *ou cet empereur vivait, ou il étoit mort depuis peu d'années, et son souvenir venait encore à la pensée* (p. LXIV de l'intr. aux Q. L. D. R.). Ces chansons doivent donc avoir été écrites, selon lui, dans les vingt dernières années du XII° siècle. Je n'insiste pas sur ce point, bien que ce raisonnement me déroute complétement. Quant au dialecte de la pièce *Greu chose est*, je ferai observer que M. L. R. l'avait regardé quelques années avant comme celui qui

jou, et avait beaucoup de rapport avec le provençal[1]. » (*p.* 64).
*M. L. R. ne cite pas les monuments authentiques du dialecte
poitevin dont la comparaison lui a permis d'établir le poitevinisme
de notre chanson. Il ne relève pas non plus les formes grammaticales qui l'ont poussé à attribuer notre serventois à un dialecte
encore si peu connu et si peu étudié que celui du Poitou. Il reste
donc à savoir si l'autorité de M. L. R., en fait de dialectes, est assez
grande pour nous faire accepter une assertion pareille sans l'appui
des preuves qu'il s'est dispensé de nous donner. Je dois avouer que
j'ai quelques scrupules au sujet de l'étendue des études dialectales
de cet érudit dont je suis d'ailleurs loin de contester le mérite.
Sans parler de son attribution des* Quatre livres des Rois *au*

était « *en usage au douzième siècle sur la lisière du Maine et de
l'Anjou* » (*Bibl. de l'École des Chartes*, I, 1839, 361). Cette indication
précise de la localité à laquelle aurait appartenu le langage de cette
pièce doit étonner tous ceux qui savent combien sont restreintes nos
notions sur les caractères distinctifs du langage du Maine, de l'Anjou
et du Poitou, au XIIe siècle, et combien les monuments de ce langage
sont rares. Le *poitevinisme* de la chanson *Greu chose* et des vingt
autres chansons du ms. B, l'indication précise de la localité à
laquelle appartiendrait le langage de notre serventois sont des assertions tout aussi hasardées de la part de M. Le Roux que celle par
laquelle il prétend que Richard « *avait composé lui-même plusieurs
chansons en langue d'oc* » (*Bibl. de l'École des Chartes*, I, 361). Il a
négligé de donner la moindre preuve de ce qu'il avançait, bien que
son autorité, en fait de dialectes, ne suffise guère pour faire accepter
ses assertions sans examen, ce que j'espère démontrer plus loin.
Quant aux prétendues chansons poitevines, j'y reviendrai tout à l'heure.

1. C'est évidemment sur la foi de M. L. R. que M. Tarbé affirme
que Richard « *composa cette chanson satirique en dialecte poitevin* »
(Œuvres de Blondel de Neele, p. 125). Bien qu'il ne nomme pas une
seule fois cet érudit dans le courant de son volume, M. Tarbé l'a mis
souvent à contribution et a propagé mainte erreur de son prédécesseur.
Par contre, la remarque qui suit le passage cité dans le volume de
M. Tarbé : *Elle* (la chanson satirique) *dut paraître après le* 30 *septembre*
1199, est une invention personnelle de ce critique. Notez que Richard
mourut le 6 avril 1199 et fut enseveli, au monastère de Fontevrault,
le 23 juin de la même année (*Art de vérifier les dates*, 3e éd. in-fol.,
I, 803).

dialecte de l'Ile-de-France (Introd. LVII), et de son opinion sur les formes de ce dialecte, qui « se confondaient le plus souvent avec celles de l'idiome normand » (Introd. LXXVIII), le fait qu'il croyait normande une chanson qui montre un grand nombre des marques les plus caractéristiques du dialecte lorrain[1] (Bibliothèque de l'École des ch., I, 359) ne laisse pas de m'inspirer des doutes assez forts sur sa compétence.

Il faut dire qu'en général les opinions sur le dialecte en usage dans le Poitou aux XIIe et XIIIe siècles sont loin d'être claires. Fallot ne connaît pas de dialecte poitevin proprement dit: à la p. 16 de ses Recherches il classe le Maine, l'Anjou, le Poitou et la Saintonge parmi les provinces de la langue d'oïl qui parlaient le dialecte normand, « celui de tous dont les limites étaient le plus circonscrites et le plus nettement déterminées » (p. 17). Néanmoins je trouve à la p. 20-21 que le langage bourguignon « embrassait l'Anjou, au moins en très-grande partie, et le Poitou tout entier jusqu'à l'Océan. Il séparait par cette dernière province le langage normand mitigé et fortement mélangé du midi de la Bretagne, du langage d'oc qui commence vers l'Aunis et la Saintonge. » M. Le Roux a augmenté le nombre des dialectes admis par Fallot (normand, picard, bourguignon) de trois nouveaux dialectes (lorrain, français, poitevin. Introd. aux Q. L. D. R., p. lix et suiv.). On ne peut que l'approuver d'avoir retranché les dialectes lorrain et français du domaine bourguignon dont Fallot avait certainement trop étendu les limites dans ses Recherches, d'ailleurs si remarquables. Aussi suis-je porté à croire que rien qu'a priori on pouvait déjà admettre avec lui un dialecte propre à la Saintonge, à l'Anjou et au Poitou, et différent des dialectes limitrophes de la Normandie et de la Bourgogne.

---

1. C'est la pièce : Mors est li siecles briemant (Ms. B, fol. 111 r). Quant à son dialecte, on peut en juger par ces citations : Touwairs (Thouars), li vieillairs, xanexals, Anjow, mandeis (mandez), laxait (laissa), bacheleirs, garreir, porteir, laixiez, etc.

Après avoir établi le nombre des dialectes, M. L. R. s'occupe de déterminer « les différences affectées à chacun. » Pour les trois dialectes déjà admis par Fallot, il se sert des observations de celui-ci qu'il reproduit en partie[1]; *par contre, les notions qu'il donne des trois autres dialectes sont singulièrement insuffisantes, au point qu'on se demande comment il a pu établir les trois dialectes nouveaux ; comment il a pu, par exemple, défalquer le lorrain du bourguignon, sans connaître la marque la plus caractéristique du nouveau dialecte, je veux parler de l'emploi fréquent de l'x pour s en lorrain ? S'imaginait-il que cette particularité était normande, comme on serait tenté de le supposer d'après son attribution à la Normandie d'une chanson qui présente de fréquents exemples de cette marque dialectale ? Pour le dialecte français (de l'Ile-de-France), il n'arrive pas non plus à le caractériser. Il répète bien souvent qu'il veut voir « quelles formes particulières le distinguent »* (p. lxxviij), *mais il s'évertue en vain à les déterminer ; nous ne trouvons rien d'approchant de ces tableaux comparatifs qui faisaient le mérite principal du travail de Fallot. Quant au résultat de ses recherches sur le dialecte de l'Ile-de-France, que j'ai déjà plusieurs fois cité, il ne me satisfait pas non plus ; je ne saurais aucunement admettre qu'au XII*[e] *siècle, époque de la traduction des* Q. L. D. R. *selon* M. L. R., « les formes du dialecte français se confondaient le plus souvent avec celles du dialecte normand ».

Je n'insiste pas ici sur ce point ; j'y reviendrai à un autre

---

1. Il est vraiment étonnant de voir citer à M. L. R. (p. LXI), qui vient de dire (p. LVII) que les Q. L. D. R. sont écrits en dialecte de l'Ile-de-France, « *dans leur ensemble les principales observations que Fallot a faites sur le dialecte de la Normandie parce que, comme on le verra plus bas, ces observations s'appliquent en grande partie au langage usité dans les quatre livres des rois.* » On voit en effet plus bas (p. LXXVIII) que les formes du dialecte français « *se confondaient le plus souvent* » avec celles de l'*idiome normand*. Cela revient à incorporer le français dans le normand après l'avoir défalqué du bourguignon.

endroit, où cette discussion sera mieux à sa place. Je n'ai à m'occuper ici que du dialecte poitevin, auquel appartiendrait, à en croire M. L. R., le serventois qui nous occupe. M. L. R. dit (p. lxiv) : « les formes de ce dialecte sont difficiles à déterminer ; on peut dire cependant que le mélange des mots français et des mots provençaux y est à peu près égal, et que ces mots s'y rencontrent parfois l'un à côté de l'autre sans avoir subi une grande altération. Un exemple fera mieux comprendre ce mélange que toutes mes explications. » *Je ne sais pas si M. L. R. peut prétendre tracer une caractéristique du dialecte poitevin (et il n'y en a pas d'autre) en se bornant à citer une chanson qu'il déclare poitevine (c'est une de celles du ms. B dont j'ai parlé ci-dessus). Mais comment prouve-t-il cette déclaration ? Ou je me trompe fort, ou bien il y a là un cercle des plus vicieux.*

Pour moi, les faits se présentent tout autrement. Voici mon opinion sur les chansons prétendues poitevines du ms. B, le grand cheval de bataille de M. L. R. quand il parle du dialecte poitevin[1]. *Je ne puis ici que la résumer en deux mots, sauf à y revenir avec plus de développements dans un autre endroit. La plus grande partie de ces chansons, peut-être toutes, se retrouvent sous une forme purement provençale dans les chansonniers provençaux ; le chansonnier français B qui nous les présente est, dans toutes ses sections, l'œuvre de scribes lorrains : je regarde donc les 21 pièces comme des chansons provençales transcrites par un scribe lorrain qui ne comprenait point (on le conçoit) la langue d'oc*[2]. *Il n'est pas rare de*

---

1. Il y en a une (*Greu chose es*) qu'il a publiée jusqu'à trois fois : dans la *Bibl. de l'École des Chartes*, 1839, p. 361, dans ses *Chants historiques*, I, 71, et dans les Q. L. D. R. (Introd., p. LXIII).
2. Pour se rendre exactement compte de ce qu'une chanson provençale pouvait devenir sous la plume d'un scribe lorrain, on n'a qu'à comparer la leçon d'une pièce provençale assez connue de *Jaufre Rudel de Blaya* (*Quan lo rius de la fontana*) que présente le ms. A (fol. 115 r) et que j'ai imprimée dans mon édition de ce chansonnier (*Archiv*, 42, p. 357), avec l'original imprimé dans Raynouard,

trouver quelques pièces provençales égarées parmi les chansons françaises dans les mss. du nord, notamment dans A, C², K, L et l. Ces pièces provençales ont presque toujours subi autant d'altérations chez les Français que les chansons françaises qui se rencontrent dans les mss. provençaux, et, comme ces dernières, elles en sont devenues quelquefois inintelligibles pour la plus grande partie. Les altérations du fait d'un scribe lorrain ont dû être assez fortes; en outre il y a lieu de croire qu'il ne transcrivait pas directement ces pièces sur un cahier ou sur un rouleau de chansons provençales, et que son prédécesseur, homme du Nord lui aussi, avait déjà altéré un certain nombre de formes et de mots. En dernier lieu, il n'y a aucune nécessité d'admettre que les versions provençales auxquelles on peut remonter à travers ces dégradations successives aient été de tout point identiques avec les versions des mêmes chansons qui nous sont conservées dans les chansonniers provençaux connus aujourd'hui.

Je crois qu'on peut parfaitement expliquer ainsi toutes les différences de fond et de forme entre les originaux provençaux de ces pièces et les dégradations du ms. B. Et je me crois en droit de regarder comme telles les prétendues chansons poitevines du ms. B, aussi longtemps qu'on n'aura pas établi, par une étude attentive de monuments authentiques du dialecte poitevin, les caractères distinctifs de ce dialecte, et qu'on n'aura pas prouvé la

---

Choix, III, 99, et dans Mahn, Werke, I, 62, Gedichte, I, 90. Lè vernis lorrain est plus fort encore dans le ms. A que dans la première section du ms. B à laquelle appartiennent les chansons prétendues poitevines. Je ferai encore observer que la rédaction de la pièce de Jaufre Rudel à laquelle on peut remonter à travers le travestissement lorrain du ms. A paraît avoir été sensiblement différente de celle qui se rencontre dans les dix mss. provençaux qui contiennent la chanson (Bibl. Imp. 854 fol. 122 r, 856 fol. 214 r, 1592 fol. 77 v, 12473 fol. 107 v, 12474 fol. 165 v, 1749 p. 149, 22543 fol. 63 r, — ms. du Vat. 5232 f. 127 b et 3205 fol. 102 a, — ms. de la Laur. Plut. XLI cod. 43 fol. 126 b).

présence de ces caractères dans le langage des chansons en question[1].

1. Je crois encore que cette étude qui, sans doute, ne se fera plus attendre longtemps, ne confirmera pas le résultat annoncé par M. Le Roux de Lincy, à savoir : « *que le mélange des mots français et des mots provençaux est à peu près égal dans le dialecte poitevin* » (p. LXIV). Pour admettre l'existence d'un tel jargon hybride sur les frontières de la langue d'*oc* et de la langue d'*oïl* dès la fin du xiie siècle, il faudrait se trouver en présence d'une littérature comme la littérature franco-vénitienne du xive siècle, dont le langage nous est conservé dans la *Prise de Pampelune*, l'*Entrée en Espagne,* et, à un degré d'altération ou de modification moins avancé, dans les copies de chansons de gestes françaises (le *Beuve d'Hanstone*, l'*Aliscans*, l'*Aspremont*, le *Roland*, le *Gui de Nanteuil*) et dans les *rifacimenti* italianisés de poèmes français, tels que *Berte*, *Mainet* et *Macaire* de la bibliothèque de Saint-Marc. M. Mussafia a le mérite tout particulier d'avoir étudié à fond ce curieux phénomène d'une langue mixte qui s'est formée dans le nord de l'Italie vers la fin du xiiie siècle et qui a produit une littérature assez riche dans le siècle suivant. Il nous a donné, avec les résultats très-intéressants de ses recherches sur le franco-vénitien, des éditions et des spécimens des monuments les plus importants de cet idiome dans ses *Altfranzœsische Gedichte aus venetianischen Handschriften* (la *Prise de Pampelune*, *Macaire*, d'après les mss. gall. XXI. et XIII. ZZ. 3. 1 vol. in-8°. Vienne, 1864). Jusqu'ici il n'y a pas trace d'une littérature poitevine analogue à la fin du xiie siècle. Rien ne nous autorise à admettre qu'un fait comme celui-là, isolé par sa nature dans l'histoire des langues, se soit produit à deux époques aussi éloignées l'une de l'autre, sur deux points différents du domaine des langues romanes. Il a fallu, dans le nord de l'Italie, une littérature assez active et longtemps florissante pour faire arriver, par une lente gradation, le français que les premiers copistes prétendaient certainement écrire, à un mélange pareil de deux langues par parties à peu près égales, comme est le franco-vénitien, c'est-à-dire un jargon littéraire qui n'a jamais été parlé. Le fait, que quelques scribes provençaux isolés ont copié, avec un certain nombre de modifications et d'altérations dues pour la plus grande partie à l'inintelligence des textes qu'ils transcrivaient, des chansons françaises ou même des poèmes plus étendus, et *vice versa*, ne constitue pas encore un dialecte poitevin dans le sens de M. L. R., dans lequel le « *mélange des mots français et des mots provençaux est à peu près égal.* » Il est donc permis de croire, jusqu'à nouvel ordre, qu'à l'époque dont il s'agit, il y a eu une ligne de démarcation assez nette entre le langage du nord et celui du midi, comme c'est la règle générale partout où deux langues se trouvent en présence; qu'on a

La littérature française du moyen-âge est très-pauvre en monuments écrits dans le dialecte poitevin du Poitou et des autres provinces qui sont censées avoir parlé le même langage (Maine, Anjou, Aunis, Saintonge). On ne connaît guère, en fait de textes poitevins proprement dits, que l'Alexandre de l'Arsenal (ms. B-L. F. 162, in-12), qui va être publié prochainement par les soins de M. Paul Meyer. Ce poème, dont une partie (785 vers) est écrite en vers décasyllabiques (fol. 1-16 v), l'autre, beaucoup plus étendue, en alexandrins (fol. 17 r-129 v), paraît non pas composé en poitevin mais transcrit seulement par un scribe de ce pays qui a fait subir au langage de son texte de très-fortes modifications. M. P. Meyer, dont la compétence est connue, fera sans doute ressortir les particularités et caractères distinctifs du langage de ce poème, qu'il a eu occasion d'étudier de très-près. Je me borne donc à faire observer ici que ni les prétendues chansons poitevines du ms. B, ni le second serventois du roi Richard ne présentent les caractères saillants du langage de l'Alexandre de l'Arsenal, par exemple la suppression constante de l'i non-seulement dans la diphthongue ie, mais aussi dans ai, souvent même dans ui, et par contre les terminaisons provençales des infinitifs en ar, des participes en az,

parlé un dialecte français d'un côté et un dialecte provençal de l'autre, et qu'il n'y a pas eu de dialecte mixte, comme M. L. R. voudrait le faire admettre. Le dialecte français, parlé en-deçà de la frontière, est le dialecte poitevin dont il reste à reconnaître et à préciser les caractères distinctifs. Il a dû subir l'influence du midi, comme le dialecte provençal parlé de l'autre côté devait contenir das éléments français, mais pour le Poitou ainsi que pour les autres provinces limitrophes du midi, cette influence provençale ne s'exerçait (comme le permettent déjà d'entrevoir les chartes peu nombreuses de ces pays qui ont été publiées) que très-peu sur le fond de la langue, ce *mélange des mots* n'existe que dans l'imagination de M. L. R. Pour les formes grammaticales, cette influence était déjà plus sensible et c'était la phonétique qui s'en ressentait le plus. Avec tout cela nous restons encore bien loin de ce dialecte franco-provençal imaginé par M. L. R. et dont il croyait reconnaître les monuments, et les seuls qu'il pouvait citer, dans les chansons provençales du ms. B.

ade, *qu'on rencontre à chaque page des chansons pseudo-poitevines, sont absolument étrangères au texte de l'Arsenal, qui ne présente pas non plus les formes purement françaises qui se sont conservées dans les différentes copies du serventois de Richard, malgré leur état de dégradation. Les mêmes observations s'appliquent à la traduction en saintongeais des* Gesta Francorum *(d'Aimoin), de la Bibl. Imp.*[1], *et à la traduction par Nicolaus de Senlis de la soi-disant chronique qu'on a si longtemps attribuée à Turpin. Cette traduction est conservée dans le même ms. 5714 de la Bibl. Imp. qui contient celle des* Gesta Francorum, *et c'est probablement, comme l'admet M. G. Paris*[2], *le traducteur de ce dernier ouvrage*

---

1. Ms. *fonds français*, 5714, non 5712, commé M. Boucherie l'a imprimé dans le *Prospectus* de la *Revue des langues romanes*, où il se propose de publier ce texte, aussi bien que le Pseudo-Turpin du même ms. et du ms. 124. Il qualifie ces textes de poitevins; il serait plus exact de les nommer saintongeais. Cette origine est absolument sûre pour le ms. 5714; quant au ms. 124, il paraît n'être qu'une copie du premier, faite par un homme du Nord, et qui a fait disparaître en grande partie les particularités dialectales du texte, notamment les *a* qui remplacent constamment l'*e* muet dans 5714. Voir, sur ces mss., l'excellent travail de M. Gaston Paris, *De Pseudo-Turpino*, Paris, Franck, 1865, p. 44-55, où on trouvera aussi des extraits assez étendus de l'un et de l'autre. — J'ai dit qu'il serait plus exact de qualifier le langage de ces mss. de dialecte saintongeais, parce que je crois que le langage des *Gesta Francorum* par ex., et celui de l'*Alexandre* de l'Arsenal, présentent encore de trop notables différences pour être absolument identifiés. Si l'on approuve M. Le Roux de Lincy d'avoir défalqué le lorrain du bourguignon et d'avoir donné une place à part au premier de ces dialectes, je crois qu'on peut retrancher, avec autant de raison, le saintongeais du poitevin dont les analogies ne sont certainement pas plus grandes que celles du lorrain avec le bourguignon. Je ne sais même pas d'où vient cette identification ; peut-être M. Boucherie en est-il l'éditeur responsable. Du moins, M. L. R. D. L., en parlant du dialecte poitevin, ne comprend que le Maine, l'Anjou et le Poitou (*Introd.*, p. LXII), et même pour ces trois pays, malgré l'affirmation de M. L. R., la question de savoir s'ils parlaient le même dialecte, n'est pas encore résolue ; d'autant plus que tout ce qu'il dit et sait du dialecte poitevin repose sur la supposition, absolument erronée selon moi, que les 21 chansons provençales du ms. B sont des traductions poitevines.

2. Voir la dissertation latine déjà citée, p. 52.

qui a interpolé la traduction du *Pseudo-Turpin* de *Nicolaus de Senlis*, qu'il transcrivait à la suite. Ce copiste était Saintongeais ; ce qui est prouvé non-seulement par son langage, qui est celui des chartes de ce pays[1], mais mieux encore, comme l'a fort judicieusement démontré M. Paris, par la nature des interpolations qu'il a introduites dans la traduction de Nicolaus de Senlis[2].

On ne pourrait qualifier de poitevine, au même degré que l'Alexandre de l'Arsenal, la copie faite par un scribe poitevin des sermons français de Maurice de Sully, évêque de Paris, laquelle fait partie de la bibliothèque de Poitiers (Ms. 102, anc. 124, XIIIe siècle). Bien que M. Boucherie ait pris ce texte pour base principale de son Étude sur le dialecte poitevin du XIIIe siècle *qui a obtenu une médaille au concours des Sociétés savantes de* 1867, *il paraît, d'après les conclusions mêmes du rapport fait à cette occasion au Comité des travaux historiques, que ce texte, malgré certaines expressions propres au dialecte de Poitou, appartenait en grande partie à la langue française* (Revue des Sociétés savantes, 1868, p. 374). J'ai trouvé à la bibliothèque impériale un ms. de sermons français (Ms. f. fr. 13315) auquel la même remarque peut s'appliquer ; il paraît copié par un copiste saintongeais sur un ms. français très-bon et très-ancien ; le l non vocalisé qui se trouve très-souvent dans le langage de ces sermons a dû subsister en français aussi lors de leur rédaction, mais les prétérits en gu ou gui qui se trouvent si souvent dans les Gesta francorum et dans les chartes de la Saintonge indiquent d'une manière assez sûre la patrie du scribe.

Ce sont là tous les monuments littéraires écrits dans le dialecte

---

1. M. Redet a publié, dans la *Bibliothèque de l'École des Chartes*, 3e série, V, 83, deux chartes saintongeaises de 1229 et 1230 qu'il a tirées des archives du département de la Vienne. J'en ai vu d'autres, mais d'une date beaucoup plus récente, aux Archives de l'Empire, J. 192, 1 et 2.

2. *Ibidem*, p. 46-52.

du *Poitou* et *dans celui de la Saintonge* (qui est censé identique au premier) que j'ai pu étudier au point de vue du langage et comparer aux prétendues chansons poitevines du ms. B et au second serventois du roi Richard. Le résultat de cette comparaison a été négatif, comme je l'ai déjà dit. En fait d'autres textes du langage poitevin, j'ai pu étudier aussi un certain nombre de chartes poitevines du XIIIe siècle, conservées aux archives de l'Empire, dans les cartons cotés J. 180-183, J. 190 (A et B) — 192 dans l'inventaire de Dupuy. Ces huit cartons contiennent près de quatre cents actes relatifs au Poitou, dont une trentaine en langue vulgaire, et dans ce nombre se trouve le plus ancien document en langue vulgaire que possède la vaste collection des archives et qui est daté de mars 1221 (1222). Le caractère dialectal de ces chartes est le même que celui de l'*Alexandre* de l'Arsenal ; le poitevinisme y est cependant beaucoup plus effacé : on voit que les scribes s'efforçaient de se rapprocher du français. J'ai observé le même fait dans un grand nombre de chartes angevines que j'ai examinées aux Archives de l'Empire (J. 178 et 179, avec un appendice de chartes relatives à la seigneurie de Craon), tandis que les chartes lorraines de la Bibliothèque Impériale (collection de Lorraine) conservent avec une grande fidélité le langage de la localité à laquelle elles appartiennent et présentent par là le meilleur auxiliaire qu'on puisse désirer pour l'étude du dialecte lorrain au XIIIe siècle[1] qui nous est conservé dans un assez grand nombre de monuments littéraires. Quant au langage des chartes angevines, on peut s'en faire une idée assez exacte d'après une charte d'un seigneur angevin que je publie plus loin dans une note à l'article sur Thibaut de Blazon. Ce document, bien que daté de Paris, est très-probablement rédigé par un scribe angevin attaché au service de Robert de Bomez,

---

1. Cette étude, du reste, a déjà été faite par M. Bonnardot dans une dissertation qui a obtenu, au concours des Sociétés savantes de 1867, le prix proposé pour le meilleur travail sur un dialecte de la France.

signataire de la charte : son langage ne diffère guère des chartes d'Angiers que j'ai vues aux Archives de l'Empire.

Pour l'Aunis ce vaste dépôt est beaucoup moins riche que pour le Poitou; il n'y a, à ma connaissance, que quelques chartes rochelaises de dates peu anciennes dans le carton coté J.184 où se trouvent également des chartes de Saint-Hilaire de Poitiers et de Fontevrault. Nous pouvons cependant étudier le très-intéressant langage de la Rochelle dans onze chartes appartenant à la première moitié du XIII° siècle qui ont été publiées par M. Marchegay dans la Bibl. de l'École des Chartes, 4° série, IV, 142-156. Dans ces chartes rochelaises on sent un goût de terroir beaucoup plus prononcé que dans les chartes poitevines et angevines que j'ai pu examiner; il est vrai que ces dernières émanent pour la plus grande partie de seigneurs, tandis que nous avons affaire ici à des baux à cens et d'autres actes passés entre des bourgeois de la Rochelle. Le même fait, qui du reste n'a pas besoin d'explication, peut être observé dans les chartes lorraines et messines : ce sont toujours des actes de vente entre des bourgeois de Metz, des concessions de terrain, etc., qui ont conservé le plus fidèlement le caractère particulier du langage messin. Comparé avec les textes poitevins et saintongeais, le langage de ces chartes rochelaises, tout en présentant d'assez grandes différences avec l'un et l'autre, se rapproche plus encore de l'*Alexandre* que des *Gesta Francorum*; il est tout à fait différent aussi bien de la langue des prétendues chansons poitevines du ms. B que de celle du second serventois du roi Richard.

Il résulte assez clairement de ce que j'ai dit jusqu'ici sur le langage de ce serventois que je le regarde comme du français ayant subi de très-fortes dégradations par le fait des scribes provençaux qui l'ont transcrit sans saisir parfaitement le sens de chaque passage. Cette dégradation provençale, qui est loin d'être sans exemple dans les chansonniers provençaux, constitue pour moi un fait absolument analogue à la dégradation française que les chansons provençales du ms. B ont subie. Il n'est cependant guère facile de faire *disparaître les provençalismes*[1] *et les barbarismes que les scribes provençaux ont introduits dans notre serventois. Il y a des difficultés principalement pour la mesure des vers et pour la correction des rimes. Le provençal admet parfaitement des contractions qui sont impossibles en français comme* jeus *pour* je vos (*v.* 1), sius *pour* si vos (*v.* 16), nos *pour* ne vos (*v.* 31). *Dans tous ces cas, deux syllabes sont de trop pour la mesure, il n'en faut qu'une. De même, il y a des formes à la rime qui, tout en n'étant pas provençales, ne sont pas françaises non plus, et qui constituent de vrais barbarismes. Telles sont* demandier (*v.* 17) *et* levier (*v.* 28); *il faut dans les deux cas une rime en* ier, *cependant les deux mots* demandar *et* levar *en prov. donnent* demander *ou* lever (liever) *en français; ils ne peuvent pas prendre l'*i *dit parasite qui va fort bien dans* commencier *et* aidier. *Ce sont là des difficultés assez sérieuses, sans compter celles du sens qui a été parfois fort obscurci en passant par des mains de copistes ne comprenant point ce qu'ils transcrivaient. Cependant, selon moi, un éditeur ne peut guère encourir le blâme de montrer trop de hardiesse et une trop grande propension à corriger des textes quand il a affaire à un langage aussi étrangement dégradé, si toutefois il veut arriver à un résultat quelconque et s'il ne veut pas se borner à reproduire à l'infini le texte estropié et altéré d'un scribe ignorant*[2].

1. Un des philologues qui possèdent le mieux la langue d'oc, M. Paul Meyer, croit que ces provençalismes sont le fait de l'auteur même qui les aurait employés tout exprès parce qu'il s'adressait au dauphin d'Auvergne dont le provençal était la langue maternelle. J'observerai cependant que si un tel mélange des deux langues était admissible dans les *coblas partidas*, il n'a guère pu s'appliquer partout. Cette langue hybride constituerait un genre de plaisanterie qui serait parfaitement à sa place dans un jeu-parti, mais qui conviendrait bien moins, je pense, à une pièce de la nature de notre serventois. Richard n'a pas la moindre intention de plaisanter, il fait à son allié d'autrefois des reproches très-sérieux et très-amers.

2. J'aime à rappeler ici les paroles d'un des premiers maîtres de la philologie romane :

« *Aus Furcht vor Willkür sollte man sich der Willkür eines Schreibers*

Je me suis donc décidé à donner d'abord le texte complet du serventois d'après le ms. 1592 de la Bibl. imp., ensuite mon essai de restitution avec des notes critiques et explicatives. J'ajouterai en bas du texte de 1592 toutes les variantes de tous les autres mss., afin de mettre chaque lecteur à même de contrôler mon travail de restitution et de faire mieux s'il y a lieu. En choisissant comme base du texte traditionnel la leçon de 1592, je n'ai voulu lui donner aucune préférence sur les autres copies, je l'ai imprimée uniquement dans le texte parce que c'est la plus complète parmi celles que j'ai vues moi-même : aussi chaque lecteur peut reconstruire jusqu'aux moindres détails les textes des autres mss. d'après les variantes que je donne en note. — Peut-être que la découverte d'un nouveau chansonnier provençal qui nous présentera le serventois du roi Richard sous une forme plus purement française ou, mieux encore, de l'original français, nous permettra bientôt d'établir avec plus de sûreté le texte d'une pièce, aussi remarquable par son intérêt historique que par celui qui s'attache à la personne de son auteur.

La leçon du ms. 1592 a du reste déjà été imprimée par M. Rochegude (Parnasse occitanien, p. 13) qui y a fait peu de changements, bien qu'il ait indiqué à côté de ce chansonnier celui d'Urfé et le n° 854 comme lui ayant servi de sources. Elle est plus complète que celles des mss. 854, 12473, 22543 et du chansonnier d'Este qui n'ont pas conservé l'envoi. Le texte de Rochegude a été réimprimé par M. Mahn dans ses Werke der Troubadours (I, 129).

Le ms. 5232 de la bibliothèque du Vatican contient aussi notre serventois (fol. 203 a). C'est la même rédaction que celle de

---

nicht unterwerfen. Und wæren auch die ersten Versuche mit einigen Fehlgriffen verbunden, so sollte man sich dadurch nicht abschrecken lassen; es genügt, über sein Verfahren genaue Rechenschaft zu geben und so jeden in den Stand zu setzen dasselbe zu beurtheilen und Besseres vorzuschlagen. » (Article de Mussafia, dans la Germania, de Pfeiffer, 1865, p. 117.

1592, à peu de variantes près : elle comprend aussi l'envoi. M. Grüzmacher l'a publiée dans son rapport sur le ms. 5232 (Archiv, 34, 193).

Les mss. 854 et 12743 de la Bibl. imp. présentent une rédaction identique[1], différente de celle des deux mss. que je viens d'énumérer. Elle se rapproche en beaucoup de points des deux copies suivantes, moins cependant que le texte de Vat. 5232 se rapproche de celui de 1592 de la Bibl. imp.

Le grand chansonnier d'Este contient notre serventois au fol. 135 a. Je dois une copie de cette version à l'obligeance toute particulière de M. Mussafia qui nous a fait espérer une édition complète de ce précieux ms. dont il a déjà donné une excellente notice dans les comptes-rendus de l'Académie de Vienne (Del Codice Estense di rime provenzali, 1867, Janvier-Avril, p. 339-450).

La leçon du ms. d'Urfé (22543), tout en se rapprochant en plusieurs points des mss. 854 et 12473, et du chansonnier d'Este, occupe une place à part. Cette place lui est assurée par quelques variantes qui m'ont paru très-remarquables parce qu'elles semblent remonter à un texte antérieur et mieux conservé que les leçons de tous les autres mss. L'orthographe d'une de ces variantes et de quelques autres mots de la pièce me semble indiquer que le copiste l'écrivait sous la dictée de quelqu'un (voir la note au vers 29 de mon essai de restitution).

La leçon du ms. 1592 se trouve encore imprimée d'après Rochegude[2] dans le premier volume d'Auguis, Poëtes françois

---

1. Ces mss. présentent, comme on sait, à peu de changements orthographiques près, exactement le même texte; ils paraissent être deux copies d'un même original.
2. M. Auguis s'est approprié jusqu'à la rectification que Rochegude adressait dans une note à Horace Walpole aussi bien que la conclusion tirée de l'existence de cette pièce contre Le Grand d'Aussy qui avait avancé que le roi Richard et le dauphin d'Auvergne ne s'entendaient pas. Je ne sais si ce n'est pas excéder les bornes de ce qui est permis dans une compilation que de se donner l'air de rectifier des auteurs qui ont

depuis le XII° siècle jusqu'à Malherbe. *Aussi M. Le Roux de Lincy a-t-il réimprimé dans ses* Chants historiques, *I,* 65, *le texte donné par Rochegude. C'est une reproduction textuelle; il n'y a que trois mots de changés : au v.* 39 avant *pour* avan, *au v.* 16 si vos *pour* sius, *ce qui fausse le vers, et au v.* 10 treive *pour* treime, *correction assez peu heureuse et qui ne se rencontre dans aucun ms. Tout en ne donnant que le texte arrangé par Rochegude, M. Le Roux indique, outre le* Parnasse occitanien, *deux mss. comme lui ayant servi de source. Les mss. cités sont les numéros* 7608 *et* 7222 *de l'ancien fonds français. Malheureusement, notre serventois ne se trouve ni dans l'un ni dans l'autre. Le premier contient la* Geste des Loherains (*c'est le numéro actuel* 1582), *le second est un chansonnier français bien connu, c'est le numéro actuel* 844 *qui est nommé dans Laborde* ms. du roi, *et que je désigne par la lettre K. Ce chansonnier contient en effet soixante et une chansons de troubadours, mais le serventois du roi Richard n'est pas du nombre.* — *M. L. R. a ajouté en bas des pages une traduction de la pièce qui montre qu'il ne saisissait pas toujours parfaitement le texte qu'il publiait. Il explique par exemple* desresnier *par* interroger, *sens que ce mot n'a jamais eu, et donne par suite de cette erreur une interprétation fantastique des vers* 3 *et* 4 : « Qu'avez-vous fait en cette saison qui sente le bon guerrier? — *Au v.* 8 *le texte de M. L. R. donne :* « Et semblés dou poil liart. » E semblez (*changé je ne sais trop pourquoi en* et *par M. L. R. qui a laissé subsister le* e *partout ailleurs*) *est une correction de Rochegude qui est à vrai dire une corruption. Les mss. portent* Que, Qui, Qi, Cui : *à part* Que, *qui est une négligence du scribe, ces différentes leçons se réduisent à des variantes d'orthographe. Il faudrait lire :* « Cui semblez dou poil liart, » *c'est-à-dire* « à qui vous ressemblez par votre poil grison. » *Toutefois* dou poil liart *ne*

émis une opinion sur le sujet qu'on traite, en empruntant textuellement les notes d'un autre sans le nommer.

peut jamais signifier : « du poil des lièvres. » *M. L. R. n'a pas même pris la peine de feuilleter le glossaire ajouté au Parnasse occitanien par Rochegude, dans un volume à part, il est vrai, mais que M. L. R. aurait pu connaître et où il aurait pu trouver une explication plus exacte des mots* liart (*liar*) *et* deresnier (*derainar*). *Au v.* 17, *M. L. R. explique* « s'il vos siet bon » *par* « s'il vous souvient »; *au v.* 31 « Mais nos (*c.-à-d.* no vos) cal avoir regart » = *il est inutile d'avoir peur, ou, comme Diez traduit, il ne vous servira à rien d'être méfiant, par* « Nous aurions dû nous rappeler. » *Je n'épuise pas cette mine d'erreurs.*

Après M. L. R., M. Tarbé, dans ses Œuvres de Blondel de Neele (p. 119), *a reproduit le texte de Rochegude, non d'après cet auteur qu'il cite, mais d'après M. L. R. qu'il ne cite pas, en négligeant toutefois, je ne sais pourquoi, le* 4ᵉ *couplet et l'envoi. L'envoi manque dans quatre mss., mais le* 4ᵉ *couplet se trouve dans tous. Il réimprime aussi, d'après M. L. R., l'indication des sources, laquelle, comme je l'ai déjà dit, est aussi inexacte qu'elle peut être:* « Nous empruntons cette version aux mss. 7608 et 7222 de la Bibliothèque de la rue Richelieu. » *Ce procédé n'a rien d'étonnant de la part d'un critique aussi consciencieux que M. Tarbé. Mais tout en suivant les errements de M. L. R., il trouve moyen de faire mieux que lui. Après avoir mentionné comme sources de sa première version les mss.* 7608 *et* 7222 *il les indique également, p.* 126, *à côté de trois chansonniers provençaux, comme sources dans une note de sa seconde version et ajoute encore le ms.* 1989 (*il faudrait dire du fonds Saint-Germain*) *comme contenant le serventois en question. Cette indication est encore fausse, mais ce qui m'a surpris davantage, ce sont les variantes qu'il cite comme empruntées à ces mss. Il va sans dire que M. T. n'a jamais vu les mss. Sur dix variantes qu'il prétend en avoir tirées, cinq ne se trouvent dans aucun, notamment le* treives *qui est de M. Le Roux et les numéros* 8, 10 *et* 15; *les autres sont tirées du texte de Rochegude.*

*M. Tarbé a ajouté comme M. L. R. une traduction à son texte.
Il a connu celle de M. L. R., et ce qui le prouve (en dehors
de la fausse indication des sources d'après celui-ci) c'est qu'il indique
comme variante tirée par lui d'un ms. la correction* treive
pour treime *qui est une conjecture de M. Le Roux. Si on
doutait encore qu'il a mis à contribution l'ouvrage de ce dernier,
le* poil de lievre *qui se retrouve dans sa traduction suffirait pour
convaincre le plus sceptique. Mais cette traduction est fort différente
en beaucoup de points de celle de M. L. R.; il a donc voulu faire
mieux. Y a-t-il réussi ? Je n'oserais pas l'affirmer. Relever toutes
les erreurs et méprises auxquelles M. T. a été exposé dans l'explication de ce texte serait peine perdue. Un seul exemple suffira pour
démontrer une fois de plus jusqu'à quel point, dans les éditions
de M. Tarbé, l'imagination tient la place du travail consciencieux.
Les vers 28-32 :*

>   Ms. 1592 : Que por fortz chastels levier,
>   Leisastes don (domn[854]) e domnoi
>   E corz e segre[1] tornoi :
>   Mes nos cal avoir regart,
>   Que Francois sont Longovart.

qui se traduiraient à peu près ainsi : Que pour construire[2] de
forts châteaux, vous avez délaissé les dames, l'amour et les
cours et cessé d'assister à des tournois ; mais il est inutile
d'avoir peur, car les Français sont des Lombards. — *Voici
comment M. T. traduit ces vers :*

« (Vous avez saisi l'occasion) pour vos forts chateaux DÉLIVRER. Et vous avez abandonné DONS et BONNES PAROLES, CORS DE CHASSE et SECRETS tournois. Mais IL N'Y A QU'A REGARDER POUR VOIR que les Français sont Lombards.

1. Suivre.
2. Je traduis ici la leçon traditionnelle. On verra ci-après, dans mon essai de restitution, une correction que je propose à cet endroit.

Il convient d'ajouter que pour les besoins de sa traduction M. T. s'est arrangé un texte qui ne se trouve dans aucun ms. (p. 121).

>Que por forts chastels levier,
>Laissastes don et *denoi* [1]
>Et cors et *segré* tornoi
>Mès *n'est qu'à* avoir regart
>Que François sont Longouart.

I.

A fol. 103 v B fol. 104 v (sans nom d'auteur, les coupl. 5 et 6 sont intervertis;) E pag. 392, F fol. 180 r (sans nom d'auteur, les v. 31-36 manquent) M fol. 62 v (sans nom d'auteur).

Ja nuls hons pris ne dira sa raison
Adroitement s'ensi com dolans non ;
Mais par confort puet il faire chançon.
Molt ai d'amis, mais povre sont li don :
5 Honte en auront, se por ma reançon
    Sui ces .ii. ivers pris!

Ce sevent bien mi home et mi baron,
Englois, Normant, Poitevin et Gascon,
Que je n'avoie si povre compaignon
10 Que je laissasse por avoir en prison!
Je nel di pas por nule retraçon,
    Mais encor sui je pris!

---

1. Je ne sais pas ce que ce changement de *donoi* en *denoi* veut dire, mais ce n'est pas une faute d'impression, car la variante 10 à la page 126 porte aussi : « *Ici fastes dou don en denoi.* » Inutile de dire que cette variante ne se trouve dans aucun ms.

Or sai je bien de voir certainement
Que mors ne pris n'a ami ne parent,
15 Quant on me lait por or ne por argent.
Molt m'est de moi, mais plus m'est de ma gent,
Qu'aprés ma mort auront reproche grant
  Se longuement sui pris !

N'est pas merveille, se j'ai le cuer dolent,
20 Quant mes sires tient ma terre en torment ;
S'or li menbroit de nostre sairement
Que nos feïmes andui comunalment,
Bien sai de voir que ceans longuement
  Ne seroie pas pris !

25 Ce sevent bien Angevin et Torain,
Cil bacheler qui or sont riche et sain,
Qu'enconbrez sui loing d'els en altrui mains !
Forment m'amoient, mais or ne m'aiment grain ;
De beles armes sont ores vuit li plain,
30   Por tant que je sui pris !

Mes compaignons cui j'amoie et cui j'ain,
Cels de Cahiu et cels de Porcherain,
Me di, chançon, qu'il ne sont pas certain :
Qu'onques vers els n'oi le cuer fals ne vain,
35 S'il me guerroient, il font molt que vilain
  Tant com je serai pris !

Contesse suer, vostre pris soverain
Vos salt et gart cil a cui je me clain

Et par cui je sui pris.
40 Je ne di pas de celi de Chartain,
La mere Loeys.

II.

Ms. f. fr 1592 (anc. 7614) *fol.* 119 v (lo reis Richartz. Sirventes).

Daufin, jeus voill deresnier,
Vos e le conte Guion,
Que ain en ceste seison
Vos feïstes bon gerrier.

Variantes des autres mss.

J'adopte, pour désigner les mss. les lettres de classement provisoire employées par M. Paul Meyer dans son mémoire sur le chansonnier Giraud (Bibl. de l'École des Chartes, *t.* 30), *tout en souhaitant qu'on nous donne bientôt un classement définitif et raisonné des chansonniers provençaux, fondé sur une comparaison détaillée des chansons qui se trouvent dans plusieurs mss. A désigne donc le ms.* 854, C = 1592, F = 12473, I = *le ms. d'Urfé* (22543) *de la Bibl. imp.,* N = *le ms.* 5332 *de la Bibl. du Vatican,* U = *le chansonnier d'Este. Comme il y a des cas (notamment pour le ms. d'Urfé) dans lesquels les variantes d'orthographe présentent un intérêt tout particulier, j'ai noté toutes ces variantes, même les moins importantes.*

A fol. 185 r Sirventes del rei richart. — F fol. 170 v id. — I fol. 23 v : Tenso. — N fol. 203 r : Lo reis richartz. — U fol. 135 r : Lo reis richarz. 1 Dalfin AF Dalfi I geus U yeu vos I uuelh I demander AF derainier NU derraynier I. — 2 vos el comte AFI comte U guio I. — 3 an en AFNU en aquesta I cesta U sazon I saison U. — 4 buen guerrier U guerrer

TABLE DES MATIÈRES

		Pages.
	GAUTIERS D'ESPINAL	1
I.	A droit se plaint et a droit se gamente.	2
II.	Amors, a qui toz jors serai.	4
III.	Amors et bone volentez.	4
IIII.	Ahi amans fins et vrais.	6
V.	Bone amor qui m'agrée.	8
VI.	Comencement de dolce saison bele.	11
VII.	Desconforté et de joie parti.	13
VIII.	En tote gent ne truis tant de savoir.	15
VIIII.	Ja por longue demorée.	17
X.	Jherusalem, grant damage me fais.	19
XI.	Ne puet laissier fins cuers, qu'adès ne plaigne	20
XII.	Oltrecuidiers et ma fole pensée.	21
XIII.	Partis de dolor.	22
XIIII.	Par son dolz comandement.	24
XV.	Puis qu'en moi a recovré seignorie.	26
XVI.	Quant je voi l'erbe menue.	27
XVII.	Quant je voi par la contrée.	29
XVIII.	Quant voi yver et froidure aparoir.	30
XVIIII.	Quant voi fenir yver et la froidor.	32
XX.	Se j'ai lonc tens amor servi.	33
XXI.	Se par force de merci.	35
XXII.	Toz efforciez aurai chanté sovent.	37
XXIII.	Tot altresi, com l'aymans deçoit.	39

		Pages.
	CRESTIENS DE TROYES	42
I.	Amors tençon et bataille.	44
II.	D'amor qui m'a tolu a moi.	46
III.	De jolif cuer chanterai	49
	MESIRE MORISSES DE CREON	50
	A l'entrant del dolz termine	52
	MESIRE HUES D'OISY	54
I.	Malgré toz sainz et malgré Deu ausi.	56
II.	En l'an que chevalier sont.	57
	MESIRE QUENES DE BETHUNE.	65
I.	Chançon legiere a entendre.	71
II.	Al comencier de ma novele amor.	73
III.	Molt me semont amors que je m'envoise. . . .	74
IIII.	Ahi, amors, com dure departie.	75
V.	Bien me deüsse targier	78
VI.	Tant ai amé qu'or me covient haïr	82
VII.	Il avint ja en cel altre païs.	84
VIII.	Bele dolce dame chiere	86
VIIII.	L'altrier, un jor apres la Saint Denise . . .	87
X.	Se rage et derverie	88
XI.	Si voirement com cele dont je chant.	90
	RENALS, LI CHASTELAINS DE COUCI	93
I.	A la dolçor d'esté qui renverdoie	101
II.	A vos, amant, plus qu'a nule altre gent. . .	103
III.	Bele dame me prie de chanter	105
IIII.	Bien cuidai vivre sens amor.	107
V.	Coment que longe demore	109
VI.	En aventure comens	111
VII.	La dolce vois del roisignor salvage	113
VIII.	Li novels tens et mais et violete	115
VIIII.	Lors quant rose ne fueille	117

		Pages.
X.	Merci clamant de mon fol erremant	119
XI.	Molt chantasse volentiers liement.	121
XII.	Molt m'est bele la dolce comencence.	123
XIII.	Quant li estez et la dolce saisons	125
XIIII.	Quant voi esté et le tens revenir	127
XV.	Quant voi venir le dolz tens et la flor	128
XVI.	Tant ne me sai dementer ne complaindre	130

Appendice I. Novele amors ou j'ai mis ma pensee. 132

II. Par quel forfait ne par quel ochoison. 134

BLONDELS DE NEELE 137

I.	A l'entrant d'esté, que li tens s'agence	141
II.	A l'entrée de la saison	143
III.	Ains que la fuelle descende.	144
IIII.	Bien doit chanter, qui fine amors adrece	146
V.	Chanter m'estuet, car joie ai recovrée.	148
VI.	Coment que d'amor me duelle.	149
VII.	Cuer desirros apaie	151
VIII.	D'amor dont sui espris	153
VIIII.	De la plus dolce amor.	157
X.	En toz tens que vente bise.	159
XI.	J'aim par costume et par us	161
XII.	Li plus se plaint d'amor, mais je n'os dire.	163
XIII.	Li roisignors anonce la novele.	166
XIIII.	Ma joie me semont	167
XV.	Mes cuers m'a fait comencier	168
XVI.	Molt se feïst bien tenir de chanter	170
XVII.	Onques mais nuls hons ne chanta.	171
XVIII.	Puisqu'amors dont m'otroie a chanter	173
XVIIII.	Quant je plus sui en paor de ma vie.	174
XX.	Qui que soit de joie partis	179
XXI.	S'amors vuet que mes chans remaigne.	180
XXII.	Se savoient mon torment.	182
XXIII.	Tant ai en chantant proië	185

		Pages
XXIV.	Tant aim et vuel et desir	188
	Appendice. Quant voi le tens felon rasouagier . .	190
	Li rois Richars d'Engleterr	193
I.	Ja nuls hons pris ne dira sa raison	222
II.	Daufin, jeus voill deresnier.	224

Chartres. — Imp. DURAND, rue Fulbert.

FAGNIEZ, G., Études sur l'industrie et la classe industrielle à Paris au XIIIe et au XIVe siècle. Gr. in-8.   12 »
FLAMENCA (le roman de), publié d'après le manuscrit unique de Carcassonne, avec introduction, sommaire, notes et glossaire, par M. P. Meyer. Gr. in-8.   8 »
GILLIÉRON, J., Patois de la commune de Vionnaz (Bas-Valais). Accompagné d'une carte. Gr. in-8.   7 50
GODEFROY, F., Dictionnaire de l'ancienne langue française et de tous ses dialectes du IXe au XIVe siècle. Ouvrage honoré par l'Institut du grand prix Gobert. 10 vol. in-4 imprimés sur trois colonnes, divisés chacun en 10 fascicules. Prix du fascicule.   5 »
Les six premiers volumes sont complets. Le volume.   50 »
JORET, C., Du C dans les langues romanes. Gr. in-8.   12 »
— Des caractères et de l'extension du patois normand. Étude de phonétique et d'ethnographie, suivie d'une carte. In-8.   6 »
— Mélanges de phonétique normande. Gr. in-8.   3 »
KAWCZYNSKI, M., Essai comparatif sur l'origine des Rythmes.   5 »
KOHLER, C., Étude critique sur le texte de la vie latine de sainte Geneviève de Paris, avec deux textes de cette vie. Gr. in-8.   6 »
LAMPRECHT, C., Études sur l'état économique de la France pendant la partie du moyen âge. Traduit par A. Marignan. Gr. in-8.   12 »
LOTH, J., Vocabulaire vieux-breton avec commentaire contenant toutes les gloses en vieux-breton, gallois, cornique, armoricain connues, précédé d'une introduction sur la phonétique du vieux-breton et sur l'âge et la provenance des gloses. Gr. in-8.   10 »
— Chrestomathie bretonne (armoricain, gallois, cornique), 1re partie: Breton-armoricain. Gr. in-8.   10 »
MANIÈRE (la) de langage qui enseigne à parler et à écrire le Français; modèles de conversation composés en Angleterre à la fin du XIVe siècle et publiés d'après le manuscrit du Musée britannique Harl. 3988, par P. Meyer. Gr. in-8.   3 »
MÉMOIRES de la Société de linguistique de Paris. Tomes I à VI, et VII, fascicules 1 et 2. Gr. in-8.   156 »
MERCIER, A., Histoire des participes français. In-8.   2 »
MEYER, P., Documents manuscrits de l'ancienne littérature de la France conservés dans les bibliothèques de la Grande-Bretagne. In-8.   6 »
— La prise de Damiette en 1219. Relation inédite en provençal publiée et commentée. (Extrait de la Bibliothèque de l'École des Chartes. T. XXXVIII.) In-8.   5 »
MOISY, H., Études philologiques d'onomatologie normande. In-8 br.   3 »
PANNIER, L., Les Lapidaires français du moyen âge, des XIIe, XIIIe et XIVe siècles. Avec une notice préliminaire, par G. Paris, de l'Institut. Gr. in-8.   10 »
PARIS, G., Étude sur le rôle de l'accent latin dans la langue française. In-8.   4 »
— Dissertation critique sur le poème latin du Ligurinus attribué à Gunther. In-8.   2 »
— Les contes orientaux dans la littérature française du moyen âge. In-8.   1 »
— Grammaire historique de la langue française. Leçon d'ouverture. In-8.   1 »
— Les chants populaires du Piémont. In-4.   2 50
— La Vie de saint Alexis, poème du XIe siècle. Texte critique. In-18, jésus.   1 50
PARIS, G. et PANNIER, L., La vie de saint Alexis, poème du XIIe siècle et renouvellement des XIIe, XIIIe et XIVe siècles, publiés avec préface, variantes, notes et glossaires (couronné par l'Institut). Gr. in-8.   15 »

PETIT, C., Études sur le règne de Robert le Pieux. Gr. in-8 . . .
PIERSON, P., Métrique naturelle du langage, avec une notice préliminaire de G. Paris, de l'Institut. Gr. in-8. . . . . . 10 »
POÈTES DE LA FRANCE (les anciens) publiés sous les auspices du Ministère de l'Instruction publique et sous la direction de M. F. Guessard. In-12 cart., pap. vergé, caract. elzeviriens. Tomes I à X. 57 50
RAYNAUD, G., Bibliographie des Chansonniers français des XIII° et XIV° siècles, comprenant la description de tous les manuscrits, la table des chansons classées par ordre alphabétique de rimes et le texte des trouvères. 2 vol in-8. 15 »
RECUEIL d'anciens textes bas-latins, provençaux et français, accompagnés de deux glossaires et publiés par P. Meyer, de l'Institut. Première partie : bas-latin, provençal. Gr. in-8 6 »
2° partie : Vieux-français. Gr. in-8. 6 »
ROMAN du Renart, supplément, variantes et corrections publiés d'après les manuscrits de la Bibliothèque du roi et de la Bibliothèque de l'Arsenal par P. Chabaille. Gr. in-8. 20 »
ROMANS (li) de Carité et Miserere du Renclus de Moiliens, poèmes de la fin du XII° siècle. Édition critique, accompagnée d'une introduction, de notes, d'un glossaire et d'une liste des rimes, par A. G. van Hamel. 2 vol. gr. in-8 20 »
SCHELER, A., Dictionnaire d'étymologie française d'après les résultats de la science moderne. 3° édit. revue et augmentée. In-4 18 »
SCHWOB, M., et GUIEYSSE, G., Étude sur l'argot français. Gr. in-8. 1 50
SONIOU BREIZ-IZEL, Chansons populaires de la Basse-Bretagne recueillies et traduites par F.-M. Luzel, avec la collaboration de M. A. Le Braz, 2 vol. in-8. 16 »

ROMANIA. Recueil trimestriel consacré à l'étude des langues et des littératures romanes, publ. par MM. P. Meyer et G. Paris, membres de l'Institut. Prix d'abonnement : Paris, 20 fr.; départements et union postale, 22 fr.
Table analytique des dix premiers volumes (1872-1881) rédigée par J. Gilliéron. Gr. in-8, br. 8 »
REVUE CELTIQUE, fondée par H. Gaidoz et publiée sous la direction de M. H. D'Arbois de Jubainville, de l'Institut, avec le concours de MM. J. Loth, E. Ernault et de plusieurs savants des îles britanniques et du continent. Prix d'abonnement. Paris, 20 fr.; départements et union postale, 22 fr.
REVUE DE PHILOLOGIE FRANÇAISE ET PROVENÇALE (ancienne Revue des patois). Recueil trimestriel publié par M. L. Clédat. Prix d'abonnement : France, 15 fr.; union postale, 17 fr.
LE MOYEN AGE. Bulletin mensuel d'histoire et de philologie, dirigé par MM. A. Marignan et M. Wilmotte. Prix d'abonnement : France : 8 fr.; union postale, 9 fr.
Aucun fascicule de ces quatre publications ne se vend séparément.

En distribution

BIBLIOTHÈQUE DE L'ÉCOLE DES HAUTES ÉTUDES

(Section des sciences philologiques et historiques)

Liste des fascicules parus depuis sa fondation en 1865 jusqu'au 31 décembre 1890.

Chartres. — Imprimerie Durand, rue Fulbert.

www.ingramcontent.com/pod-product-compliance
Lightning Source LLC
Chambersburg PA
CBHW070521170426
43200CB00011B/2287